广西中职名师培养工程成果书系

丛书总主编：黄雄彪　文　萍　韦耀波

Guangxi Bianjing Xianji Zhiye Xuexiao de
Jianshe yu Sikao

广西边境县级职业学校的
建设与思考

陆锡耀　周海林 / 著

北京理工大学出版社
BEIJING INSTITUTE OF TECHNOLOGY PRESS

图书在版编目（CIP）数据

广西边境县级职业学校的建设与思考/陆锡耀，周海林著．—北京：北京理工大学出版社，2015.4

ISBN 978-7-5682-0339-5

Ⅰ．①广…　Ⅱ．①陆…　②周…　Ⅲ．①地方教育-职业教育-研究-广西　Ⅳ．①G719.2

中国版本图书馆 CIP 数据核字（2015）第 051017 号

出版发行／北京理工大学出版社有限责任公司
社　　址／北京市海淀区中关村南大街 5 号
邮　　编／100081
电　　话／（010）68914775（总编室）
　　　　　82562903（教材售后服务热线）
　　　　　68948351（其他图书服务热线）
网　　址／http：//www.bitpress.com.cn
经　　销／全国各地新华书店
印　　刷／保定市中画美凯印刷有限公司
开　　本／710 毫米×1000 毫米　1/16
印　　张／15
字　　数／193 千字
版　　次／2015 年 4 月第 1 版　2015 年 4 月第 1 次印刷
定　　价／46.00 元

责任编辑／王俊洁
文案编辑／袁　臻
责任校对／孟祥敬
责任印制／王美丽

图书出现印装质量问题，请拨打售后服务热线，本社负责调换

总 序

秦 斌

富民必先启智，强桂必先强教。职业教育是面向大众、面向工作岗位需求，培养和提高千百万劳动技术大军、培育农村职业技能人才和促进扶贫富民的重要途径，能为我区新型工业化和城镇化提供强有力的支持，其重要性不言而喻。随着职教攻坚计划的实施和国家民族地区职业教育综合改革试验区建设的推进，我区在职业教育体系建设和保障机制建设、职业教育服务能力提升和优化资源配置等方面均取得突破性进展。然而，我区职业教育总体发展水平与人民群众日益增长的教育需求、与经济社会快速发展的迫切需求仍不相适应。因此，必须树立以提高人才培养质量为核心的教育发展观，积极推进职业教育改革创新，而高素质的教师队伍正是提高职业教育质量的关键。

“兴教之道在于师”，教师是教育的第一资源。我区中职教育的改革发展需要加快造就一支师德高尚、业务精湛、结构合理、充满活力的中职教师队伍，这就需要在中职教育一线涌现一批领军人物去引领、感召、辐射和推动，从而带动我区中职教师队伍整体素质的提升和专业化发展。为此，自治区教育厅从 2010 年至 2014 年实施了广西中等职业学校名师培养工程。广西师范大学职业技术师范学院作为此项目的具体实施单位，认真研究中职师资成长规律，采取“五阶段一体化”培训模式，对入选的 100 名培养对象进行了职业教育理念、职业教育教学方法、专业素养与技能、课题研究与科研方法等全方位的系统培训，并组织学员巡讲以发挥其示范和辐射作用，为“广西中职名师”的脱颖而出铺路架桥。

教师的发展与提高，一靠内在动力，二靠外在条件。教师专业化培训是帮助教师学习、提高教育教学技能与实践创新能力的重要途径。广西中等职业学校名师培养工程就是为有发展潜质和强烈进取精神的优秀中职教师搭建一个视野宽广、资源丰富的学习和锻炼的高层次平台，创造一个中职优秀师资集聚的学习型组织、一个共同发展的精神家园。“中职名师”也许并不会随着这项工程培养对象的结业就立即产生，因为“中职名师”需要实践的锤炼和时光的磨砺，需要实绩的证明和社会的认同。但如果被培养者有强烈的自主发展意识，有主动学习的动力，充分珍惜培养机会，积极挖掘自身潜能，认真向导师学习、向实践学习、向同伴学习，不断超越自我、追求卓越，就有可能成为善教学、会研究、有创新、受学生欢迎、受行业认可的中职教育名师。

令人欣喜的是，广西中等职业学校名师培养工程的培养对象作为我区中职教育改革发展过程中的一线优秀教师群体，他们努力探索职业教育教学规律，运用现代职业教育教学思想，在引领教学内容、方法和手段改革、创新课程教材和教学模式、创建校企合作实验实训基地等方面均做出了突出贡献，取得了可喜的成果。而广西师范大学职业技术师范学院在工程的实施过程中，也探索和总结了一系列符合中职教师专业发展规律的师资培训方法和经验，为我区中职师资培养培训积累了宝贵资源。着眼于进一步发挥这一群体的社会贡献，辐射培训基地师资培养经验，“广西中职名师培养工程系列成果集”得以编纂出版，使我区广大中职教育同仁能够共享这一优秀师资培训工程的资源与成果。这套成果集反映出培训学员、专家导师等一个个鲜活的个体形象，他们共同组成一个会学习、会思考、充满责任感和使命感的教师群体和专业化培训团队的集体形象，并总结提炼了这一集体在教育实践中、在发展道路上的感悟、心得与智慧，极有借鉴价值。

中职教师队伍的建设，任重道远；中职教师教育的创新，前路漫漫。诚愿广西中等职业学校名师培养工程的这份成果能在关心我区中职教育的教育工作者和行业、企业界朋友们中引起共鸣、点燃火花，成为我区中职教师队伍专业化发展的助燃剂，进一步激活广西中职教育发展的蓬勃力量和无穷智慧，为促进我区中职教育改革和发展做出贡献。

是以为序，与广大职教同仁共励共勉。

2014 年 6 月 18 日

前　言

当前，我国正在构建现代职业教育体系，职业教育在我国得到前所未有的重视。《国家中长期教育改革和发展规划纲要（2010—2020年）》中提出：“到2020年，普及高中阶段教育，全面满足初中毕业生接受高中阶段教育需求。”“根据经济社会发展需要，合理确定普通高中和中等职业学校招生比例，今后一个时期总体保持普通高中和中等职业学校招生规模大体相当。”为了实现这一目标，除了建设好省、市的中等职业学校外，也不能忽视县级中等职业学校的建设，特别是我国西部贫困地区的县级中等职业学校的建设。

广西边境县级职业学校不仅处在西部贫困地区，而且还是边境地区。广西边境县级职业学校的建设与发展情况到底是怎么样的？作为长期工作在广西边境县级职业学校的教育工作者，我们试图以在广西边境县级职业学校的亲历建设实践者的角度，从广西边境县级职业学校的发展历程与成效、广西边境县级职业学校面临的困境、广西边境县级职业学校的建设实践与发展思考等几个方面，进行比较深入的阐述与探讨，以期唤起社会各界对广西边境县级职业教育建设与发展的思考。

在编写过程中，由于时间仓促、水平有限，书中错漏在所难免，恳请给予批评指正。

编著者：陆锡耀　周海林

2014年11月

目 录

第一章　广西边境县级职业学校建设历程与成效

自改革开放以来，县级中等职业教育事业为广西边境地区经济社会建设与发展，提供了大量的人力资源和技术力量支撑。梳理回顾其建设发展历程及所取得的成就，剖析边境职业学校发展中面临的困境，寻求发展的思路，总结发展规律，有助于推动广西边境地区县级中等职业教育的快速发展。

广西边境地区是指中国广西西南部与越南东北部山水相连的区域，该地区与越南接壤的边境线长为 1 020 千米。这一地区分布着东兴、防城、宁明、凭祥、龙州、大新、靖西、那坡 8 个边境县（区）市，分属防城港、崇左、百色 3 个地级市，下辖 103 个乡镇。与越南 4 个省 17 个县市毗邻，与越南接壤的乡镇有 41 个，行政村有 389 个，生活着 250 万多边民，其中少数民族人口 200 万多人。他们大多是少数民族，占本地区总人口的 81.56%。其中那坡、靖西、龙州为国家级贫困县，大新、凭祥、宁明、防城、东兴五县（市、区）为自治区贫困县，边境地区贫困县率高达 100%。边境指靠近国家边界的地方，严格意义上的边境应该是以边界线为起点，向内延伸一定的距离。然而，行政规划中常把与边界接壤的村、镇、县（市）视为边境。长期以来，广西边境地区各族人民为国家安全、边防巩固和当地经济社会的发展做出了重大贡献，特别是在援越抗法、援越抗美、自卫反击战等重大战争中，广西边境地区各族人民立下的功绩是不可磨灭的。从中华人民共和国成立到1990年，这40年间，广西边境地区战事不断，直接导致了边境地区经济基础薄弱，边民生活水平较低等问题。尤其是交通、通信、教育、卫生、广播电视等基础设施比较落后，严重制约了边境地区社会经济的发展，也严重制约了边境地区职业教育的发展。自改革开放后，广西边境地区职业教育发展进入了一个全新的发展阶段，也是“摸着石头过河”式探索改革发展阶段。经过三十多年的改革建设，特别是在2008年广西实施“职教攻坚”工作后，广西边境县市职业教育得到长足进步。下面以凭祥、宁明、龙州、大新、东兴、靖西、那坡为例，从发展历程、成效、现状三方面阐述广西边境地区职业教育的发展，以供同行参考。

第一节　广西边境地区中等职业教育发展历程

一、创建初期的情况（1980—1991年）

（一）建设背景

1985年5月中共中央颁布《关于教育体制改革的决定》，“调整教育结构，……职业技术教育得到广泛的发展”。从此，职业教育成为改革的主要内容之一。广西边境县级职业学校基本是在此时间点创建的。其中最早的是创建于1980年的那坡县职业中学，最迟的是创建于2008年的东兴市中等职业技术学校（东兴市于1996年建立）。

随着经济社会的发展，边境职业学校的校名也发生了变化。由创建之初的“职业中学”，到1996年变更为“中等职业技术学校”；在2000年前后，有部分职业学校把校名更改为能体现办学特色的校名，如“凭祥市中等职业技术学校”更名为“凭祥市东南亚外语学校”，形成“一套人马两块牌子”的模式；2010年，在职业教育资源大整合的形势下，有部分职业学校通过整合资源而更名为“职业教育中心”，如龙州县职业教育中心；2012 年应教育行政部门的要求，边境职业学校统一更名为“职业技术学校”。各边境职业学校更名是为了取得更好的发展。

广西边境县级职业学校的创建方式各不相同，有的是在原有普通中小学学校之上建立的，如那坡县职业中学、龙州县职业中学等；有的是新创建的职业中学，如靖西县职业中学、凭祥市职业中学等。相比之下，新创建的职业中学条件更艰苦。

（二）建校初期情况

广西边境县级职业学校创建之初工作难度大，办学条件艰苦。为了让大家了解职业中学创建之初的情况，现把凭祥市职业中学首任校长的建校第一年的工作总结摘录如下：

1986 年 4 月组织上要我去当职业中学的校长，本着要干一番事业之心，又挑起这一重担。

学校基本情况：校舍不足且又简陋，仅有 4 间教室，仪器室、图书室、实验室、办公室一无所有；18 个教职工仅 10 人有住房，而且是狭窄、潮湿、低矮的平房；住校学生 69 人，但食堂（包含厨房）仅 30 平方米；由于学校的面积狭小，仅 3 466.6 平方米，故教学活动场地严重不足，仅有的一块篮球场却坑洼不平，不能使用，由于校舍不足，校园狭小，无法办厂开店，且没有任何教学设备，这就增加了教学的难度。

新办一所学校，困难确实很多：经费不足，教师缺乏，设备没有，一切从零开始。我本着“奋力开拓、公而忘私、公正廉洁、忠诚积极”的精神去创办职业中学。

第一，制定了办学方案，确定校风、学风、教风，明确每个工作人员的职责、岗位职责，制订教学计划和学生管理条例，使新办的学校各方面有条不紊，很快走上正轨。

第二，对师生进行“四有”教育，老师对工作是积极的、充满热情的，被有些人视为“三流”的“难教难管”的学生，还是守纪律、爱学习，表现还是好的，一年多来教学秩序是正常的。在这一年中反复宣传并组织老师学习有关开办职业教育的重要意义的文件、文章。师生们感到在职业中学中工作、学习是光荣的，是有奔头的。

第三，跑兄弟学校，借鉴兄弟学校的经验来办学，跑有关单位，跑上级机关，争取对办好职业中学的支持与帮助。磨嘴皮、找资金、要人手，在这一年中以财政局拨的几万元作为办学经费，并经市教育局调配了一些课桌椅、床架等，分配了七名高校大专毕业生到校任教，同时农委、科委、供电局、文化局等系统的科技人员十多人到校兼任专业课教师，在这些兼职教师中有农艺师、兽医师，甚至还有局长，解决了经费不足、教师缺乏的困难。

第四，引导教师钻业务研教法，给老师们讲如何上好一堂课，并深入课堂听课，听取学生对教学的意见和要求，与老师们研究教法，并向老师们提出课题：职业中学有什么特点？如何按照职业中学的学生特点进行教学？怎样提高课堂教学质量？从一年的教学情况来看，虽然老师都是年轻的新老师，但教学质量还是有所提高的，这点可从1987年7月的期末考试成绩得以说明，如表1-1所示。

表1-1　期末考试成绩表

科目	政治	语文	数学	物理	生物	英语（选修）
平均分数	70.3	63.9	44	62	56.4	69
及格率/%	86.5	84	18.5	59.8	41.5	89

当了一年多的职业中学校长，确实是“跑断了腿、磨破嘴皮、呕心沥血”。作为一校之长，一切以身作则，不谋私利，公而忘私，校而忘家，能团结依靠教师职工去办学。学校现已有初步规模，如今又争取到上海服装厂的支援，上海服装厂派出师傅来我校传授裁缝技术，得到教育厅和地区教育局的重视和关怀。相信在上级的关怀下，在全校师生的共同努力下，凭祥市职业中学将会办出自己的特色。

（三）发展状况

以1992年凭祥市作为沿边开放城市为基准，1980年至1991年的

21 年间，广西边境地区各县市中等职业教育在校生仅达普通高中在校生的 40%，最低的县仅为 16%，最小规模学校如那坡县职业中学仅有学生 185 人。边境地区各县市现有 7 所中等职业技术学校，没有 1 所属自治区重点中等职业技术学校，其中 1 所中等职业技术学校还没有通过合格评估。由于边境地区社会、经济发展极其落后，对职业教育的认识十分肤浅，职业中学不仅专业设置单一，而且，专业的设置严重脱离边境地区经济开放特色，如凭祥市中等职业技术学校 1990 年开设的专业有电工、种养、裁缝三个专业，和内陆的中职学校一样，导致学校服务当地经济发展的能力差；师资和设备条件得不到改善，生均设备价值不足 1 000 元，生源少，与国家规定的标准相距甚远。

二、开放后至“职教攻坚”的发展状况（1992—2013 年）

1992 年中越两国政府签署《关于处理两国边境事务的临时协定》，凭祥市作为首个沿边开放城市，拉开了中越边境地区开放开发序幕。中越边境地区边境贸易逐渐蓬勃发展，各县市的社会经济文化等方面得到快速发展，为中等职业教育发展提供了广阔的发展空间。1992 年至 2007 年近 15 年时间里，边境地区职业教育的发展突出体现在以下几个方面：

（一）专业设置发展及招生特点

1. 专业设置单一，专业发展缓慢阶段（1992—2002 年）

广西边境地区县级中等职业学校普遍开设有计算机应用、家电服务与维修、种养殖专业、服装设计专业。为了提高生源，有的学校还设置初中中考班和职高高考班。1992 年自凭祥市作为广西边境地区沿边首个开发开放城市以后，广西边境地区各县市也逐渐成为开发开放地带。在这样的时代发展趋势下，各县市的教育主管部门和学校的教育决策者缺乏政治和经济敏感性，没有意识到职业技术教育发展与边境地区蓬勃的贸易发展之间的重要联系，导致学校开设的专业单一，根本不适应当地社会经济的发展。作为广西边境地区各县市职业教育具有代表性和后来成为品牌特色的东盟小语种——越南语专业却没有得到充分的挖掘和足够的重视。在7个边境县市里，只有凭祥市中等职业技术学校在1992年秋季学期开设有越南语专业，在招生方面也仅招有一个班级，仅有35名学生。1993年以后，随着国有企业的改制，大量下岗工人冲击职业中学的毕业生就业市场，边境地区的县级职业学校招生愈加困难，至1996年不少边境县级职业学校已经“断炊”，到1999年几乎所有的广西边境县级职业学校为了生存，不得不招收小学和初中教学班，以延续职业中学的“香火”。至2000年，边境职业学校能招收到中职学生人数已经极少了。

2. 专业设置较为灵活，专业发展进入快速阶段（2002—2007年）

回顾2002年至2007年期间的职业教育情况，随着2002年和2005年国务院相继出台的《国务院关于大力推进职业教育改革与发展的决定》《国务院关于大力发展职业教育的决定》，我们发现这个阶段广西边境各县市职业教育进入了一个较为快速发展的阶段。专业的设置重点面向旅游、商务越南语、泰语、物流、物业管理、酒店服务与管理、幼儿教育等专业，特别是东盟小语种专业得到加强。由于经济的发展，人民群众对职业教育的需求比较强烈，职业教育在此阶段的招生宣传工作得到大力强化，广西边境各县市的中等职业技术学校招生人数呈现井喷式增长。如：凭祥市中等职业技术学校占据天时、地利、人和的优势，学校越南语专业的开设适应了社会经济发展需要，2003年学校成立了凭祥市东南亚外语学校，形成“一套班子、两块牌子”办学模式。2007年度，仅商务越南语专业在校生生源就达到1 276人。龙州县职业教育经过整合，成立龙州县职教中心，开设护理、幼儿教育、烹饪、商务越南语、文秘等共12个专业，2006年各专业在校生合计870人。

3. 专业发展回落阶段（2008—2013年）

2008到2010年是广西的职业教育攻坚期。2012年2月广西出台了《广西壮族自治区新时期深化职业教育攻坚五年计划》，进一步助推了广西边境地区职业教育的发展。但边境县级职业学校并没有抓住发展的好机遇。

（1）近三年来边境职业学校各专业全日制学生的招生情况。

广西边境各县市的近三年来全日制学生的招生情况，如表 1-2 至表 1-8 所示。从中可以看出广西边境地区各县市职业教育在此阶段专业发展的信息。

表 1-2　凭祥市东南亚外语学校专业开设与招生情况

专业名称		商务越南语	计算机应用	物流服务与管理	越籍汉语专业（无学历）
近三年招生数	2013 年/人	158	20	0	15
	2012 年/人	138	21	0	11
	2011 年/人	201	22	0	8
品牌专业		商务越南语			

表 1-3　靖西县职业技术学校专业开设与招生情况

专业名称		计算机应用	电子电器应用与维修	模具制造技术	汽车运用与维修	学前教育
近三年招生数	2013 年/人	37	35	0	90	0
	2012 年/人	23	0	0	39	0
	2011 年/人	20	18	0	29	0
品牌专业		汽车运用与维修				

表 1-4　龙州县职业教育中心专业开设与招生情况

专业名称		汽车运用与维修	计算机应用	学前教育	电子电器应用与维修	护理（联合办学）
近三年招生数	2013 年/人	32	33	39	0	0
	2012 年/人	51	45	25（联办）	0	37
	2011 年/人	121	87	38（联办）	35	45
品牌专业		学前教育				

表 1–5 那坡县职业技术学校专业开设与招生情况

（学生全部上送百色职院）

专业名称		电子电器应用与维修	计算机及应用	果蔬花卉生产技术	市场营销
近三年招生数	2013 年/人	0	0	0	0
	2012 年/人	0	0	0	0
	2011 年/人	0	0	0	0
品牌专业		无			

表 1–6 宁明县职业技术学校专业开设与招生情况

（调查数据，与招生系统数据不一致）

专业名称		电子电器应用与维修	计算机及应用	汽车运用与维修
近三年招生数	2013 年/人	0	0	0
	2012 年/人	0	0	0
	2011 年/人	0	0	20
品牌专业		无		

表 1–7 大新县职业技术学校专业开设与招生情况

专业名称		电子电器应用与维修	计算机及应用	旅游服务与管理	文秘	汽车运用与维修
近三年招生数	2013 年/人	0	23	0	0	33
	2012 年/人	0	28	0	0	26
	2011 年/人	0	34	0	0	0
品牌专业		无				

表 1-8 东兴市职业技术学校专业开设与招生情况

专业名称		电子电器技术与应用	计算机及应用	物流服务与管理	旅游服务与管理
近三年招生数	2013 年/人	68	20	0	20
	2012 年/人	56	23	0	22
	2011 年/人	63	25	0	23
品牌专业		电子电器技术与应用			

（2）招生情况分析。

从以上数据可以看出，在经过“职教攻坚”阶段的政府政策支持、资金加大投入，师资队伍、教学设施设备得到加强的情况下，广西边境地区县市职业教育专业设置比较多样化，有的专业招生人数比较稳定，有的滑坡，也有根据本地区社会经济发展特点开设专业的，如：靖西县职业技术学校和龙州县职业教育中心开设的“汽车运用与维修专业”别具一格，适应边境地区经济发展的需要；凭祥市东南亚外语学校专业品牌“商务越南语”处在急剧滑坡状态。有的专业虽然开设，但“巧妇难为无米之炊”。究其原因，有以下几个因素：

① 教育培训市场的冲击。商务越南语专业作为凭祥市职业教育特色品牌，在全区乃至全国，有一定的影响力，《人民日报》《南国早报》《广西日报》等新闻媒体曾做过专题报道。该专业学生数曾达到 1 276 人，学生来自全国各地二十多个省市，学历层次有本科、高职、中职，但到了 2013 年该专业仅招到 158 名学生，学历层次仅保留有中职。近五年来越南语专业的社会培训机构如春笋般生长，据不完全统计，有近三十个社会培训机构开设越南语培训，五花八门的培训机构，冲击着凭祥市东南亚外语学校越南语专业的发展。计算机专业方面，由于社会经济发展，城镇及农村居民收入快速增长，个人及家庭电脑普及化，导致生源萎缩。边境职业学校计算机专业退出历史舞台已是大势所趋，从某种意义上说，计算机应用专业知识可以作为一门课程设置而不是以专业方式设置。

② 某些专业的设置脱离本校本地区经济水平。一些中职学校开设模具制造技术专业、电子电器应用与维修、物流服务与管理专业，显然脱离了经济发展水平。作为边境地区经济发展最落后的县级职业学校，靖西县开设了模具制造技术专业；而同期，作为物流发展较为发达的凭祥市，其职业学校开设了物流服务与管理专业。学校的决策者显然是为了为当地或经济发达地区培养输送类似专业人才，但是，这两个专业投入的专业设备资金却不是小数目，资金从哪里来都是问题，谈何设备？没有教学设备，没有专业教师，显然开设这样的专业有欠考虑。凭祥市作为边境城市，人口仅十来万，经济均是由出口型贸易和旅游业发展支撑的，相对来说，物流并不是很发达，这些都是上述专业发展的软肋。在20世纪90年代初，一些中职学校开设电子电器应用与维修专业时，招生人数经常爆满；进入21世纪，这个专业招生越来越困难，可以说是因为这个行业就业不理想所致。

③ 对学校特色品牌专业扶持力度不够。与著名的酒店一样，每个酒店至少都有一个吸引顾客的招牌菜；同理，中等职业技术学校也要有自己发展的特色品牌专业，这个特色品牌专业应立足于当地经济发展的特点。有意识地打造品牌专业的边境职业学校，使学校的发展状况趋向良好。在广西边境地区县级职业学校中，特色专业品牌建设方面，凭祥市东南亚外语学校越南语专业品牌发展建设比较好。但是，从表面上看，所有的边境县市职业教育对特色品牌专业的扶持发展力度还远远不够，有的职业学校忽略特色专业的建设和发展，习惯于随大流，没有培养具有生命力的特色专业品牌。有的职业学校错过了良好的发展机遇，忽视了鼎盛时期学校内部潜力的挖掘和培养，导致专业教师和教学设备得不到改善，从而使特色专业品牌影响力逐渐衰退。

（二）师资力量发展状况

职业教育发展一靠核心品牌专业，二靠师资力量，三靠教学设备；由于众所周知的历史原因，相对内陆地区的教育，广西边境地区的教育发展是极其落后的。在国内，从政府到民间社会，职业教育都被边缘化，得不到足够的重视。近几年来，由于我国制造业的迅猛发展，人们才逐渐意识到技术人才的重要性。广西边境地区职业教育的师资力量和办学条件的发展状况，根据实地调查所得的数据（数据为2014年调查所得）分析如表1-9至1-16所示。

1. 师资力量发展概况（以2013年为基准）

表1-9 凭祥市中等职业技术学校

职工总数（含外聘）/人	本科以上人数/人	专任教师数/人	专业课教师数/人	文化课教师数/人	“双师型”教师数/人	高级教师数/人	中级教师数/人	外聘教师数/人
46	42	42	10	32	8	5	13	3
占职工比/%	91.3	91.3	21.7	69.6	17.4	10.7	28.3	6.5

表1-10 靖西县中等职业技术学校

职工总数（含外聘）/人	本科以上人数/人	专任教师数/人	专业课教师数/人	文化课教师数/人	“双师型”教师数/人	高级教师数/人	中级教师数/人	外聘教师数/人
96	77	88	55	33	25	3	46	0
占职工比/%	80.2	91.7	58.3	34.4	26.0	3.1	47.9	0

表1-11 那坡县中等职业技术学校

职工总数（含外聘）/人	本科以上人数/人	专任教师数/人	专业课教师数/人	文化课教师数/人	“双师型”教师数/人	高级教师数/人	中级教师数/人	外聘教师数/人
45	24	30	7	23	10	3	18	0
占职工比/%	53.3	66.7	15.6	51.1	22.2	6.7	40.0	0

表 1-12　龙州县中等职业技术学校

职工总数（含外聘）/人	本科以上人数/人	专任教师数/人	专业课教师数/人	文化课教师数/人	“双师型”教师数/人	高级教师数/人	中级教师数/人	外聘教师数/人
93	61	69	47	22	11	8	46	2
占职工比/%	65.6	74.2	50.5	23.7	11.8	8.6	49.5	2.2

表 1-13　宁明县中等职业技术学校

职工总数（含外聘）/人	本科以上人数/人	专任教师数/人	专业课教师数/人	文化课教师数/人	“双师型”教师数/人	高级教师数/人	中级教师数/人	外聘教师数/人
86	60	71	36	35	10	4	35	0
占职工比/%	69.8	82.6	41.8	40.7	11.6	4.7	40.7	0

表 1-14　大新县中等职业技术学校

职工总数（含外聘）/人	本科以上人数/人	专任教师数/人	专业课教师数/人	文化课教师数/人	“双师型”教师数/人	高级教师数/人	中级教师数/人	外聘教师数/人
67	43	51	21	30	8	15	22	0
占职工比/%	64.2	76.1	31.3	44.8	11.9	22.4	32.9	0

表 1-15　东兴市中等职业技术学校

职工总数（含外聘）/人	本科以上人数/人	专任教师数/人	专业课教师数/人	文化课教师数/人	“双师型”教师数/人	高级教师数/人	中级教师数/人	外聘教师数/人
33	26	26	14	12	5	3	17	0
占职工比/%	78.8	78.8	42.4	36.4	15.2	9.1	51.1	0

表 1-16 广西边境地区七个县市职业学校师资力量统计表

职工总数（含外聘）/人	本科以上人数/人	专任教师数/人	专业课教师数/人	文化课教师数/人	“双师型”教师数/人	高级教师数/人	中级教师数/人	外聘教师数/人
466	333	369	190	179	77	41	197	5
占职工比/%	71.5	79.2	40.8	38.4	16.5	8.8	42.3	1.1
占专任教师比/%			51.5	48.5	20.9	11.1	53.4	1.4

2. 师资队伍分析

对以上数据进行分析，从中可以看出经过十几年的发展，在政府政策大力支持下，广西边境地区职业教育师资力量普遍得到加强，特别是经过“职教攻坚”后，有以下变化情况：

① 七所学校教师的学历达到本科学历（职业教育标准），占教职工总人数的71.5%。

② 七所学校专任教师占教职工总人数的79.2%。

③ 七所学校专业课教师占专任教师总人数的51.5%。

④ 七所学校文化课教师占专任教师总人数的48.5%。

⑤ 七所学校“双师型”教师占专任教师总人数的20.9%。

⑥ 七所学校高级职称教师占专任教师总人数的11%。

⑦ 七所学校外聘教师占专任教师总人数的1.4%。

从以上表格数据可以得到以下结论：

经过几十年的发展，广西边境地区职业教育教师已经基本达到中等职业学校的师资本科学历的标准要求。

广西边境地区职业学校文化课教师占任课教师总人数的比例偏大。与专业课教师所占比例相差无几。职业教育的发展有赖于专业技术传授，文化课教师所占比例过高不利于职业教育的发展。

“双师型”教师所占任课教师总人数比例偏低。教师单一身份向双师型转变是现代职业教育的发展趋势。

高级职称教师占任课教师总人数比例过低，并且有超过三分之一的高级职称是普通中学系列的，高级职称教师的专业技术含金量不高，能担当学科带头人的不多，并且引领职业教育的专业发展能力不足，也不利于教师队伍的均衡发展。

作为边境地区的国门学校之一，发展面向东盟各国的教育国际化交流与合作是广西边境地区教育发展的一个优势。但七所边境职业学校中，仅有凭祥市中等职业技术学校和龙州县职业教育中心开设越南语专业并聘请了 5 名外教，外聘教师仅占任课教师总人数的 2%，这说明七所广西边境职业学校面向东盟各国所开设的专业少之又少。如何发展广西边境地区职业教育国际化，推动广西边境地区职业教育发展多元化，是摆在职业教育工作者面前的值得研究的课题。

（三）基础设施条件发展情况

广西边境地区在历史上处在战争的第一线，为保家卫国做出了巨大的牺牲。职业教育的发展举步维艰，我们也可以从职教攻坚前（1980—2007 年）和职教攻坚阶段（2008—2011 年）两个阶段来看广西边境地区职业教育办学基础设施条件发展情况。

1. 边境职业学校基础设施基本情况

边境职业学校基础设施基本情况如表 1-17 至表 1-23 所示。

表 1-17　凭祥市中等职业技术学校

项目	校园面积/m^2	建筑面积/m^2	设备总价/万元	电脑/台	多媒体室/间	图书/册	语音实训室/间	电脑实训室/间
“职教攻坚”前	3 667	3 662	102	60	1	3 420	1	1
“职教攻坚”后	7.91 万	1.06	313.6	200	11	4.3 万	2	3

表 1-18 靖西县职业技术学校

项目	校园面积/m^2	建筑面积/m^2	设备总价/万元	电脑/台	多媒体室/间	图书/册	计算机实训室/万元	电子实训室/万元	汽修实训室/万元
“职教攻坚”前	68 567	9 228	360	200	2	8 268	75	31. 3	7. 1
“职教攻坚”后	106 699	20 686	850	300	2	65 884	159	31. 3	207. 1

表 1-19 那坡县职业教育中心

项目	校园面积/m^2	建筑面积/m^2	设备总价/万元	电脑/台	多媒体室/间	图书/册	实训室/间		
“职教攻坚”前	5 232	3 951	63	107	2	5 000	计算机1间	电子电器1间	电焊1间
“职教攻坚”后	44 000	17 600	308	200	3	26 400	制冷空调1间	餐饮1间	语音1间

表 1-20 龙州县职业教育中心

项目	校园面积/m^2	建筑面积/m^2	设备总价/元	电脑/台	多媒体室/间	图书/册	实训室/间
“职教攻坚”前	26 000	5 300	990 000	120	0	20 400	0
“职教攻坚”后	98 900	21 000	9 022 300	450	2	60 900	4

表 1-21　宁明县职业技术学校

项目	校园面积/m^2	建筑面积/m^2	设备总价/万元	电脑/台	多媒体室/间	图书/册	实训室/间
“职教攻坚”前	93 920	6 600	238	50	1	15 000	2
“职教攻坚”后	93 920	8 700	2 795	250	4	48 000	7

表 1-22　大新县职业技术学校

项目	校园面积/m^2	建筑面积/m^2	设备总价/万元	电脑/台	多媒体室/间	图书/册	实训室/间
“职教攻坚”前	27 414	10 658	120	160	2	13 000	2
“职教攻坚”后	40 868	24 112	389.09	220	5	45 000	6

表 1-23　东兴市职业技术学校

项目	校园面积/m^2	建筑面积/m^2	设备总价/万元	电脑/台	多媒体室/间	图书/册	实训室/间
“职教攻坚”前	0	0	0	0	0	0	0
“职教攻坚”后	54 976	11 230	680	240	2	31 000	5

注：该校是在职教攻坚期间建立的。

2. 边境职业学校基础设施情况分析

以上数据并不一定能全面准确地反映广西边境地区职业教育办学条件的变化，但从数据里可以看到有可喜的变化：

职教攻坚阶段，广西边境地区职业教育得到政府的高度重视。

职教攻坚阶段，广西边境地区职业教育的办学条件得到很大的改善。从作为职业技术教育实践活动所用的实训基地建设上看，不但从无到有（如龙州县），并且在专业上得到了扩展（如那坡县）。

职教攻坚阶段，校园面积和建筑面积普遍得到扩大；教学设备得到完善；生均图书量达到国家标准；实训室基本覆盖了核心专业。

但是，我们也看到了不足：有的职业学校品牌专业还没有专业实训室，如龙州职教中心的《学前教育》专业，凭祥职业学校的《商务越南语》专业等。

（四）课程体系发展情况

1. 20 世纪 80 年代

课程是构成人才培养模式的核心要素，从文化课任课教师占任课教师总人数的比例高达 48.5%，我们就可以看得出，广西边境地区职业教育课程模式也深受普通教育的影响。20 世纪 80 年代，边境各市县职业教育课程体系绝大部分仍然参照义务教育模式，主要体现在：一是在课程结构上，实行“文化课、专业基础课、专业课”三段式课程结构，致使学生接触职业世界较晚，不能理解自己所学专业与未来所从事的职业的关系，不利于学生职业能力的形成。二是课程设置以学科课程为主体，关注的是学生知识体系的建构，强调的是知识体系自身的完整性、系统性。尽管学科课程有利于教师组织教学，有利于学生学科知识的掌握，但由于缺乏与工作世界的联系，又不利于学生对技术知识和工作过程知识的掌握，而这两类知识却是职业教育内容的核心。

2. 20 世纪 90 年代

为了改变这种状况，自 20 世纪 90 年代以来，在义务教育课改的影响下，发达地区的职业教育掀起了建构具有职业教育特色的课程体系的高潮，作为基层的中等职业技术学校也对课程体系开展了探索与改革，并进行了大量的实践探索，为构建具有中国特色的广西边境地区职业教育模式奠定了坚实的基础。课程体系改革主要有以下模式：

（1）以就业为导向的课程模式的建设。

针对劳动力市场对汽车、护理、旅游、东盟小语种、蔗糖制造、驾驶等专业的技能型人才的大量需求，借鉴国内外成功经验，实践具有职业教育特色的以就业为导向的工学结合的课程模式，这种模式主要强化职业能力培养目标。通过综合的和具体的职业技术实践活动，帮助学生学习实际工作中迫切需要的知识技能并积累初步的实际工作经验。职业学校以满足劳动力的市场需求作为专业建设和课程开发的出发点，根据广西边境地区制造业和服务业对技能型人才的素质要求，确立了与企业实践密切联系的、理论学习与技能训练高度统一的、按照典型的职业工作任务设置的综合性和案例性课程。

（2）校企合作办学的课程模式的建设。

专业人才严重短缺是制约广西边境地区社会经济发展的一大瓶颈，由于缺乏战略性投入与全方位参与，学校人才培养目标与企业实际需求是脱节的。采取企业订单的形式，通过学校与企业的合作进行课程建设，学校是学习理论场所，企业是实训基地，教师学生下企业，企业人员上学校，相互学习，取长补短，通过理论创新指导企业实践，以企业实践来验证课程理论，共同探索人才培养的教学新模式，从而达到校企双赢局面。

企业与学校互动的校企合作教学模式的成效，体现在工作经验转化为知识的过程中。校企双方共同研究编写适合学生上课所用教材；通过校园文化与企业文化的融合，建立评价教师的“教”与学生的“学”的科学体系，形成校企长效的教材内容及教学模式。

3. 21 世纪初

（1）校企深度合作课程模式建设。

进入 21 世纪，借鉴广东、江浙等发达地区的经验，广西边境地区职业教育校企合作教学模式发展到一定的阶段，例如：凭祥市中等职业技术学校（凭祥市东南亚外语学校）红木专业，在课程设置上，企业全程参与教材编写、课程设置以及教学评价体系等方面的工作，培养的人才完全符合红木企业的人才要求。

（2）跨国联合办学的课程模式建设。

国际化合作办学是职业教育发展和经济全球化、文化多元化的必然趋势，广西边境地区各县市职业教育占有天时、地利优势，有些职业技术学校在20世纪90年代末就已经开展跨国联合办学的探索。龙州县职教中心于2012年与越南高平市职业中心开展联合办学，在教师交流教学、教材编写、课程设置、学生留学等方面进行合作。凭祥市东南亚外语学校与越南胡志明大学、河内国家大学、西贡国家大学、泰国商学院、柬埔寨国家大学开展合作办学已有十几年，进入21世纪后，合作进一步得到了深化，如互派教师、学生交流学习等。从有代表性的两所学校跨国联合办学的经验上看，跨国联合办学的课程模式均由双方共建共享，双方共同为学生提供就业市场。

第二节　广西边境地区职业教育发展成就

为加快实现职业教育发展的战略目标，党中央、国务院采取了一系列措施，有效地促进了职业教育的发展，并已形成了从中央到地方各级政府齐抓共管，通过职教攻坚，大力推动职业教育事业快速、健康、协调发展的良好局面。广西边境地区在普及义务教育，加强少数民族教育的情况下，也通过职教攻坚完成了对职业教育的“改头换面”，目前已初步建立起一个具有边境地区民族特色的职业技术教育体系，职业教育发展取得了突出的成就。

一、办学规模扩大　办学条件改善

2008年至2010年开展了职业教育攻坚。3年职教攻坚中，广西边境地区各县市职业教育投入建设经费1亿多元，经费投入力度超过前10年的总和。

截至2013年年底，广西边境地区共有中等职业学校7所，在校生1.7万人。目前，广西边境地区职业教育年均输送毕业生近2 000名，承担各类培训超过1万人次。

在全面实施国家中职资助政策的基础上，拓展了对边境地区职业学校学生的资助范围，中职学校特定专业学生全面享受生活资助和学费减免，凡属于国家扶贫开发工作重点县的广西边境地区中等职业学校学生全部享受免费职业教育。攻坚 3 年来，累计投入中等职业学校学生资助经费达 1 亿元，惠及 90% 的在校生。

与此同时，广西边境地区职业教育在师资力量、基础设施办学建设、校企合作办学等方面取得不小的进步。绝大部分职业学校都建设有完善的实训基地和先进的多媒体教学设备；有本科学历的任课教师占全体教职工的比例达到 80%。课程改革进入深水区，有的职业学校精品课程和特色专业建设获得并通过自治区合格验收。同时大力开展与国内各大学的联合办学，在提升学校办学水平方面取得了突出成就。

二、三大培训工作培养了大批新型劳动力

突出特色，打造亮点，扎实推进三大培训工作。就业是民生之本，培训是成才之路；培训为就业服务，就业促进职业培训。《国务院关于大力推进职业教育改革与发展的决定》中指出，应广泛开展各类职业培训，提高劳动者就业技能。边境地区职业学校作为各县市职业教育重要人才培训基地，得到各县市各级党委和政府的高度重视，在人力、物力、财力等方面被给予大力支持。在三年职教攻坚中，利用自身的优势和品牌特色，广西边境地区职业教育认真扎实开展农村劳动力转移和农村实用技术人才及继续教育与再就业三大培训工作。采用集中培训、科学报告、技术讲座、现场咨询和科普展览等形式，开展越南语、中式面点、烹饪、电工电焊等实用技术培训，培训地点包括边境边贸点以及中越边境线上的村屯，培训对象有需要东盟小语种知识的商人、急需红木根雕技术的农民等。2008 年至 2013 年举办 600 多班次培训，受训群众 12 万余人。在三大培训工作中，依托边贸和边境地理位置优势，利用商务越南语专业品牌特色，培养出一批懂越南语、善经营的妇女，被当地群众亲切地称为“能人媳妇”。通过一系列科技培训，许多农民掌握了务工经商的一技之长，这不仅加快了农民的知识化进程，而且为边境地区经济的发展注入新的血液。

第二章　广西边境县级职业学校面临的困境

第一节　职业教育观念落后

从广西边境7所县级职业学校的建设历程中，我们可以看到，职业教育观念从政府到社会，从从事职业教育工作管理的人员到职业学校的教职员工，从家长到学生，都十分鄙薄职业教育，不了解什么是职业教育，不知道职业教育对经济社会发展有什么作用，不知道职业教育对家庭、个人成长有什么样的促进作用。

中国社会几千年来流传着“万般皆下品，唯有读书高”“书中自有黄金屋”“书中自有颜如玉”“学而优则仕，仕而优则学”的传统观念，人们普遍认为只有上高中、考大学才是人生正途，对职业教育不屑一顾，嗤之以鼻。职业教育在社会上、在教育界、在家长和学生的心目中很难树立起自身的良好形象。

在广西边境地区，由于处在偏僻之地，多年处在战争的前沿地带，经济发展严重滞后，文化教育水平不高，落后的职业教育观念表现更为突出。在广西边境地区流行这样一句顺口溜：“有钱不起屋，有米不食粥”，在一定程度反映了边境居民的价值取向，这是受多年战争的影响形成的边境居民及时享受的不良观念，他对教育很不上心。

对于广西边境县级职业教育，不同的人持有不同的看法。曾经听到一位政府官员说："职业教育对经济社会没有什么贡献，甚至还是县级政府的包袱，如果不是上级有硬性规定，不会开设职业学校的"；一位县级教育管理部门的干部说："职业学校是社会的收容所，在县域基本被边缘化了"；有一位义务教育学校的校长说："进入职业学校读书的学生都是垃圾，是义务教育学校里最烂的一群人，职业学校不会有什么前途的，职业学校的教师也不会有什么奔头"；一位中职班主任说："中职学生什么也不懂，来职业学校就是来玩乐的，是来混日子的"；有位中职学生家长说："职业学校就是保育院，职业学校的老师就是保姆，我送小孩到职业学校就是让学校、老师帮着我看养几年，免得小孩到社会上惹是生非，变坏人"；一位中职学生说："职业学校是我的避难所，在职业学校里让我暂时逃避了繁重的农村农田劳动，同时在职业学校可以找到和我一起玩耍的人"；在社会上与人交流时，了解到我们是职业学校的教师后，在交谈中一般都会表达现出这样的观点："在职业学校工作好啊，工作轻松，没有升学压力，是个修身养性的好地方。"

广西边境地区职业教育培养的人才主要是从事一线或行业低端工作的工人，工资待遇及社会地位均不如高学历的智力型人才，从而造成社会重学历、轻技能的现象。正因为如此，在家长和学生的观念里，坚持"学而优则仕"的人生理念才是正途，职业教育是被边缘化了的教育，人们认为不必去参与职业教育的学习；同时，长期以来，政府一直把职业教育定位为普通教育的补充，在资金投入和政策扶持方面没有得到应有的重视。

整个中国社会，政府的各个部门机构、社会上的各类层次的人群，从思想上，语言上，行动上，无不透射出对广西边境地区职业教育的误解与贬低。

第二节 职业教育自信的缺失

广西边境7所县级职业学校，除了东兴市职业技术学校是2008年才筹建之外，其余6所职业学校均是在19世纪90年代建立起来的，也就是在我国颁布《中共中央关于教育体制改革的决定》的前后建立的。从建立到2007年，国家、自治区对广西边境职业学校的投入不是很多，直到2008-2010年的广西壮族自治区实行了“职业教育攻坚战”战略，广西边境职业学校的硬件建设才有了较大的改变，这可以从广西边境各个职业学校的资金投入、校园面积、建筑面积、设备经费、功能室建设、图书存量等数据体现出来。

“职教攻坚”后，广西边境县级职业教育并没有红火起来，据了解，广西边境县级7所职业学校中有3所职业学校，在2011至2013年时出现招收全日制学生不足50人的现象，甚至有一所职业学校有2年没有招收到一个全日制学生，在“职教攻坚”时投入1 000多万甚至3 000多万的职业学校，学生这么少甚至没有一个全日制学生，呈现在我们面前的是一幅多么尴尬的景象。

有一所广西边境职业学校的校级领导诉苦说：“现在的职业学校是求别人来读书，是跪求！好难好难啊！”另外，在“职教攻坚”期间，个别广西边境职业学校的“攻坚”任务也没有完成，比如校园面积没有达标，教室、宿舍、实训教学楼没有如期建成，设施设备没有配齐，招生、就业、培养质量等方面也掺杂不少水分。这是边境地方政府、社会、职业教育管理者、职业教育从业者、职业教育的学生等，对办好广西边境县级职业教育缺乏自信的真实反映。在广西边境县级职业学校的教师中，经常会由衷地发出这样的疑问：“边境职业教育这杆‘红旗’到底还能插多久?”

广西边境地区的地方政府为什么不愿意在职业教育上投入？一是地方政府在职业教育的投入效果与政绩不能马上体现出来，而地方政府十分注重“形象工程”和“政绩工程”，地方政府需要的是立竿见影的“政绩”，而对职业教育的投入，产生效益周期比较长，不符合地方政府的“政绩”思维。地方政府在职业教育的投入上因此缺乏信心——投资自信缺失。

广西边境地区的职业教育管理者，由于自身的职业教育理念缺乏，加上多数管理者没有从事过职业教育工作，对职业教育不能正确认识，不能认清职业教育是国民教育系统中一个重要部分，看不到职业教育对经济社会建设的巨大促进作用，看不到职业教育工作的重要性，所以在职业教育工作中，抱着当一天和尚撞一天钟的心态来开展工作。这便导致地方职业教育管理者在管理工作中——职业教育管理自信的缺失。

广西边境县级职业学校由于地处偏远山区，经济落后，交通不发达，教育文化水平落后，职业教育比普通教育还要落后，在广西边境县级职业学校里从事职业教育教学的教师，由于受办学条件限制，如教学设施落后、设备缺乏、专业建设缺乏生命力、生源不足、学生管理难度大、教学组织难以开展、学生就业渠道不畅通等，让从事职业教育的教师找不到追求的目标，缺乏幸福感和成就感，教学工作处于一种茫然的状态。这便导致地方职业教育者——对职业教育教学自信的缺失。

广西边境县的群众，由于长年在边境生活，受到边境不稳定的影响，生活水平比较低下，对教育的需求不是十分强烈，对职业教育了解很少。另外，在社会上教育的主流思想是上重点中学考进大学，在教育上追求的是“高大上”，认为就读职业教育的人是不入流的人，是没有前途的人。因此广西边境群众对就读职业教育缺乏自信——就读职业学校自信缺失。

第三节　师资队伍建设是软肋

广西边境县级职业学校的师资队伍可以分为如下几个类型：一是管理层师资队伍，二是班主任师资队伍，三是专业课师资队伍，四是文化课师资队伍，五是后勤辅助师资队伍。

由于受到落后的职业教育观念的影响，广西边境县级职业学校的政府职能部门对职业教育不够重视，对职业学校管理层的人员安排上缺乏科学、合理配置。据调查了解，广西边境7所职业学校中的主要学校领导至少有一半以上是直接从普通学校调任的，不否认这部分管理者有着深厚的教育教学理论修养和丰富的普通教育学校的管理经验，但职业教育与普通教育还是有比较大差别的，最明显的是职业教育与经济社会紧密联系，与行业、企业紧密关联，这需要职业学校管理者有一定时间的积淀，不是一时半会儿就能把这些关系理顺的，因此，由普通学校直接调任到职业学校的管理者至少要摸索2~3年，才能在职业教育领域找到努力的方向。在经济社会高速发展的今天，2~3年时间不知道耽误了多少职业教育发展的良机。职业教育的管理层是职业学校的领头羊，是火车头，俗话说“火车跑得快，全靠车头带”，职业教育管理层这一车头没有跑起来，职业学校这列火车怎么会跑得动呢？这是广西边境职业学校师资队伍建设的软肋之一。

职业学校的学生是“难招、难管、难留、难学、难教、难送”的六难生，广西边境职业学校的学生也是一样，要实现“四得”即“招得来、留得住、教得好、送得出”，没有一支精良的班主任队伍是万万不行的。一般来说，在广西边境职业学校担任班主任的大多是年轻的老师，年轻班主任老师的特点是工作热情高，但管理班级的经验缺乏。当年轻的班主任面对“经验丰富”的“六难生”时，工作的艰巨性不言而喻，加上处于广西边境职业学校的年轻班主任外出培训学习、交流的机会不多，致使边境职业学校的年轻班主任提高班级管理的技能技巧进程缓慢，面对广西边境职业学校班级管理中，出现大量的学生抽烟、喝酒、恋爱、迟到、早退、逃课、旷课、网瘾、课堂上玩手机、课上吃东西、课上睡觉、不按时作息等不良现象时，年轻的班主任往往束手无策。可见班主任班级管理水平低下是广西边境县级职业学校师资建设软肋之二。

专业教师队伍建设是职业学校办学成败的关键。要提高广西边境职业学校的教育教学质量，需要一支业务过硬的专业教师队伍。由于广西边境职业学校地处偏僻，生活工作环境差，待遇低，对专业教师的吸引力不足，所以广西边境职业学校的专业教师80%以上都是从文化课转岗培训而来的，文化课教师转岗为专业课教师，在专业知识和专业能力上有先天性缺陷，具体表现为专业理论知识缺乏系统性，专业实践能力不强。广西边境职业学校为了提高学校的专业教学水平，也加大了对专业教师的招聘力度，但是要么招不到专业课教师，要么招聘来的专业教师受工作环境差、待遇低的影响，大多在2~3年内通过考取公务员或应聘到城区职业学校，刚刚熟悉边境职业学校的专业教学工作就又离开了。另外，在广西边境县级职业学校的专业教师招聘工作中，还存在“萝卜”招聘现象，学校想招聘的专业教师来不了，而不需要的或已经过剩的文化课教师却来了。因此，在广西边境县级职业学校很难形成一支稳定的高水平的专业教师队伍，专业课教师严重缺乏是边境职业学校的普遍现象。没有优良的专业教师队伍，提高职业学校的教育教学质量就无从谈起。这是广西边境县级职业学校的师资队伍建设的软肋之三。

文化课教师要树立为专业课教学服务的思想。文化课是学生专业成长的基础，学好文化课能够促进职业学校学生的学习。在广西边境县级职业学校中，文化课的教师是大杂家，哪里缺教师就会被派往哪里救火，很多文化课教师是跨专业、跨学科地开展教学，不同学期会担任不同学科的教学，几年下来，文化课教师会任教过多门课程，每一门课程都似曾相识，但哪一门课程也没有精通吃透，都在不停地赶场子，长年累月疲于奔命，严重影响了文化课教师的专业成长，极大地挫伤了文化课教师的教学工作积极性。这是广西边境职业学校教师队伍建设软肋之四。

教辅人员包括各处室办事人员、文印图书、设备管理维护、校园网络管理、水电维护维修等人员。在广西边境县级职业学校由于人员编制限制，教辅岗位不可能抽出专人来担任，很多教辅岗位都是文化课或专业课教师在兼任，兼职人员的工作量往往超负荷，兼职人员会感到身心疲惫，容易引发不良情绪，进而影响学校的工作质量与效率，严重的还会影响兼职人员的身心健康。这是广西边境职业学校教师队伍建设软肋之五。

第四节　专业设置与区域支柱产业对接少，特色专业少

在日常工作和生活中，人们经常提到支柱产业，那么何谓支柱产业呢？顾名思义，是指在国民经济中生产发展速度较快，对整个经济起引导和推动作用的先导性产业。支柱产业具有较强的连锁效应，能诱导新产业崛起，支柱产业所处地区的经济结构和经济发展变化，对为支柱产业提供生产资料的各部门，有着深刻而广泛的影响。

广西边境8个县市区有哪些是支柱产业呢？下面做个梳理。

那坡县的支柱产业：一是工业上的铝工业基地，到2015年铝产业实现工业增加值10亿元。二是农业上至2015年，全县桑蚕种植面积发展到6万亩①（其中高产桑蚕基地达到1万亩），软枝油茶发展到5万亩，优质水果面积达2万亩，其中柑橘5 000亩、核桃1万亩、火龙果5 000亩，竹子发展到4万亩。三是发展中草药材种植面积2万亩，其中板兰根1万亩、金银花5 000亩、山豆根5 000亩。

靖西县的支柱产业：一是铝、锰加工业。靖西县境内铝土矿、锰矿丰富，初步探明铝土矿储量为4.06亿吨，远景储量达6亿吨；锰矿储量达2 720万吨。年产240万吨氧化铝；年产64万吨电解铝。二是边境贸易。有中国龙邦（靖西）-越南茶岭的国家一级口岸，2013年该县边贸进出口总额达60.62亿元。三是旅游业。靖西县境内有丰富的旅游资源，政府在政策、资金、人才等方面给予全方位扶持和保障，旅游产业已成为推动该县经济发展的新一极。据统计，2013年该县接待游客230万人次，旅游总收11.28亿元。四是“烟桑药蔗”。2013年，该县以烟、蔗、果、桑、菜、药为主导的产业分别发展到

① 1亩≈666.67平方米。

8. 36 万亩、13. 38 万亩、7. 5 万亩、2. 32 万亩、5. 4 万亩和 2. 1 万亩，实施“田七回乡”工程开局良好，面积达 5 018 亩。

东兴市的支柱产业有：一是边境贸易。有中国东兴-越南芒街国家级一类口岸，2013 年东兴市试验区边贸成交额 240 亿元。二是旅游业。据统计，2013 年，东兴市全年累计接待游客 453. 44 万人次，旅游总收入 29. 6 亿元人民币。三是红木文化产业。2013 年东兴市红木文化产业总产值超过 100 亿元，是未来的支柱产业。

宁明县的支柱产业是：一是蔗糖业。2013 年种植面积为 30 多万亩，料蔗总产量达 191 万吨，县内有 2 家中外合资制糖企业，年产蔗糖 24. 59 万吨。二是林产业。宁明木材总蓄积量 809 万立方米，林木年生长量 35 万立方米，有面积 180 万亩的世界著名的桐棉松，年产松脂 3. 5 万吨，有 32 万亩八角林，年产干果 5 000 多吨，有 7 万多亩速丰桉，有 5 000 多亩山黄皮。三是膨润土占全国储量的四分之一，储量达 6. 4 亿吨，为中国之最，其潜在的经济价值达 3 500 亿元以上。四是绿色农副产品开发。发展畜牧、蔬菜、甜玉米等农副产品加工体系，培育壮大一批农业龙头企业、生态旅游。

大新县的支柱产业有：一是锰工业。矿产业中锰矿已探明储藏量占全国储量的 1/4，居全国首位，被誉为“中国锰都”；2013 年锰加工业产值超 60 亿元。二是蔗糖。2013 年大新甘蔗种植面积 50 万亩。三是旅游。大新有国家 4A 级旅游景区德天跨国大瀑布、明仕田园风光、黑水河等；2013 年，大新县接待游客 290. 63 万人次，实现旅游综合收入 18. 16 亿元。四是水果。大新是中国“六大龙眼生产基地县”和“中国苦丁茶的原产地”。

龙州县的支柱产业：一是糖纸主导产业。龙州现有糖厂 3 家，日榨能力 2. 1 万吨，正致力于打造甘蔗—机制糖—精制糖、复合肥、纸、酒精等蔗糖循环经济链；2013 年龙州县甘蔗种植面积 57. 82 万亩，全县入厂原料蔗达 286. 97 万吨，产糖 35. 29 万吨，全县蔗农售蔗总收入 12. 55 亿元。二是矿业。龙州矿产资源丰富，尤以铁矿、大理石藏量较大，发展锰、锡、铅、锌冶炼业和终端成品加工业具有得天独厚的优势。三是边境贸易业。龙州县有5个乡镇与越南凉山、高平两省接壤，县内有国家一类口岸水口、二类口岸科甲及水口、科甲、那花、布局4个边民互市点；2013年全县外贸进出口总额27亿美元。四是特色农业。特色果蔬，如山黄皮、野菜产业；特色养殖如山羊、龟鳖、林下禽类；茶药种植，如乌龙茶、灵芝。五是旅游业。龙州主打"跨国红色"旅游线路。2013年，龙州接待游客110万人，旅游收入超9亿元。

凭祥市的特色支柱产业：一是对外贸易。2013年凭祥对外贸易进出口总值完成62亿美元。二是旅游业。凭祥市被列为"自治区首批20个广西特色旅游名县"之一；荣膺"2013最美中国·特色魅力旅游目的地城市"称号；2013年，共接待旅游人数354万人次，旅游总收入22.3亿元。三是红木文化产业。2013年，凭祥市红木交易额突破100亿元。广西边境7所县级职业学校的专业设置概况如表2-1所示。

表2-1　广西边境7所县级职业学校的专业设置表

学校名称	2014年在自治区教育厅发布的招生信息中开设专业	2013年在教育厅发布的合格学校通知中开设专业
东兴市职业技术学校	供用电技术 旅游服务与管理 计算机应用 物流服务与管理	供用电技术 计算机应用 物流服务与管理 旅游服务与管理
靖西县职业技术学校	计算机应用 电子电器应用与维修 汽车运用与维修 国际贸易 旅游服务与管理 应用越南语 学前教育 民间传统工艺 畜牧兽医 中高职一体化办学	计算机应用 电子电器应用与维修 汽车运用与维修

续表

学校名称	2014年在自治区教育厅发布的招生信息中开设专业	2013年在教育厅发布的合格学校通知中开设专业
那坡县职业教育中心	计算机及应用 电子电器维修与应用 市场营销 果蔬花卉栽培技术	计算机应用 电子电器应用与维修
龙州县职业教育中心	幼儿教育 护理 汽车运用与维修 计算机应用 电子电器应用与维修 机电设备安装与维修 电焊 酒店服务与管理 烹饪 服装工艺与设计 商务英语 文秘	计算机应用 电子电器应用与维修 汽车运用与维修
大新县职业技术学校	计算机及应用 电子电器应用与维修 文秘与办公自动化 计算机网络技术 汽车摩托车运用与维修 烹饪 饭店服务管理	计算机应用 电子电器应用与维修 汽车运用与维修
凭祥市东南亚外语学校	商务越南语 计算机及应用 木材加工与营销（红木方向） 物流服务与管理 中文（越南籍学生方向）	商务越南语 计算机及应 物流服务与管理 中文

从广西边境县支柱产业与各职业学校开设的专业来看，开设的专业切合本区域经济发展的不多，切合区域支柱产业并有特色的专业更少。能凸显区域经济特色的有：凭祥的商务越南语、红木加工与营销、中文（越南籍学生方向）；龙州的幼儿教育、护理；宁明的种植专业；那坡县的果蔬花卉栽培技术专业；靖西的国际贸易、应用越南语、牲畜兽医；东兴市职业学校的旅游服务与管理专业也切合区域经济特点。至于边境职业学校的其他专业与区域经济发展联系并不是十分密切，并且大多数的区内外职业学校都有开设。如计算机应用专业，广西边境 7 县市的职业学校全部开设，根据多个边境职业学校反映该专业已经萎缩，能招到的学生很少，教学方面也缺乏特色，边境职业学校的计算机应用专业与城市的职业学校竞争已经没有任何的优势。

有 6 所职业学校 2013 年开设的专业与 2014 年开设的专业变化比较大，似乎有一种虚夸成分，专业重复设置现象比较严重。

在广西边境职业学校开设的专业中有两个专业是广西壮族自治区示范性专业：一个是 2009 年获批的靖西职业学校的计算机应用专业，另一个是凭祥职业学校的商务越南语专业。

从广西边境县级职业学校的发展现状来看，与本区域经济支柱产业紧密结合的，专业设置有特色的，并且具有跨国办学模式和面向东盟办学的专业，发展得比较好，学生的“进出口”就比较畅通。专业设置没有特色，还是沿用传统的模式，囿于向“珠三角”“长三角”等地区“外输”学生的专业，其发展前景就比较暗淡。

第五节　课程设置与市场脱节，教学内容落后

课程设置混乱、教学内容陈旧是中等职业教育的普遍现象，这种现象在广西边境县级职业学校表现得更为突出，比如在广西边境县级职业学校里都开设有计算机及应用专业，但各个学校在计算机及应用

专业开设的专业课程却相差很大，有的学校开设 Visual Basic 课程，有的学校没有开设，有的学校开设有数据库，有的学校不开设，有的学校有什么老师就设置什么课程，如有计算机网络教师就开设该课程，没有能胜任该课程的教师就不开设。又比如商务越南语专业，从开设初期仅设置有越南语基础，逐渐增设礼仪、计算机应用、英语、越语口语、越语听力、越语写作、越语翻译、经贸越南语、公共关系、国际贸易、红木越南语、应用写作、企业管理等课程，在三年制初中起点的班级还设置有语文、数学、心理健康、体育等文化课。近年来，在“以学生为主体”的理念指导下，学生不喜欢的课程，如数学、越语写作、经贸越南语、英语等又逐渐撤销了。广西边境县级职业学校在设置课程时，是以现有师资力量和学生的喜欢与否来决定开设哪些课程，而不是以市场为导向，并且设置课程时缺乏深入经济市场开展调研的过程，因而导致课程设置不能适应经济社会的需要，与市场脱节比较严重。

教学内容上，因为教材的更新速度总是落后于经济社会的发展，又由于广西边境县级职业学校的专业教师没有开发教材的能力或者没有意识、精力去开发教材，加上教学管理者对专业发展认识不足，对专业教学重视不够，所以广西边境县级职业学校使用的教材，在教学内容上大多是过时的，远远偏离了企业的岗位能力要求。原因：一是广西边境职业学校在教材开发上缺乏良好的激励机制，不能很好调动教师更新教学内容的积极性；二是广西边境职业学校的教师能到企业去实践的机会几乎为零，对现代企业岗位的职业知识、职业技能、职业素质的了解很少，想要更新教学内容也没有相应资源与素材；三是广西边境县级职业学校的专业教师大多是由普通中学的文化课教师转型而来，对专业课的教学内容不是十分熟悉，要胜任教学工作都还有困难，更别谈更新教学内容或开发教材了。

第六节　教学观念、方法落后，教学质量低下

广西边境县级职业学校大多是由普通中学改制而来的，教师大多来源于普通中学。广西边境县级职业学校的教师对职业教育的涵义与教学的规律了解不多，很多教师认为在职业学校还是像在普通高中一样以升学为主要目的，所以在教学上非常注重学科的完整性和学科的理论教学，对实践教学比较轻视，教学还是用一本教材、一支粉笔、一块黑板、一张嘴来进行，教学方法上，还是以教师为主体，把学生当作被动地接受知识的容器，把课堂当作教师的表演舞台，学生当作课堂的观众，只是一味地传授和灌输，课堂缺少以人为本的平等与民主，缺乏师生的互动，严重的还出现不少课堂“独角戏”现象。

进入广西边境县级职业学校的学生是经过重点中学、普通中学选拔后，再经过区直职业学校、市级职业学校的筛选，最后剩下来的学生。这些学生的文化基础知识薄弱、学习意愿不强、学习习惯不良是众所周知的，边境职业学校的教师在面对这些学生的时候，仍然以传统的教学模式、教学方法去开展教学是难以见成效的，因为学生早已经厌倦了这种老套的教学模式。学生正是被传统的教学模式“折磨”了多年，在学习上受尽了挫折，带着伤痕累累的心来到我们边境职业学校就读的。学生能来到学校进到教室里并坐在他的位子上，已经是对学校和老师的极大敬重。而我们的边境职业学校教师在教育教学方法上并没有创新，不能唤醒学生学习知识与技能的意识，不能树立起学生的学习信心，不能抚慰学生受伤的心。在课堂上，经常会看到这样的景象：教师在讲台上滔滔不绝地讲课，或者老师严肃认真、专注而激情地念读自己精心制作的精美的 PPT 课件，而讲台下面的学生，要么趴在课桌上睡觉，要么低头玩手机，要么坐着发呆，一个班 30~40 个学生，能认真听讲的也就三五个学生；教师在以这样的教学方式来面对这样的学生的时候，我们不知道在课堂的教师是怎么想的，但

我自己的体会是：上这样的课就像上刑场，是一种心灵的煎熬，老师的心很累，学生听起来很疲惫，教师是无效教学，学生是无效学习，这样的教学不仅无效而且增加了学生的厌学情绪，还很容易诱发教师的厌教心理。“学生不想学、不会学，教师不愿教、不乐教”是广西边境职业学校教学的真实写照。广西边境职业学校教师的教学观念、教学方法落后低下的现状，是导致教育教学质量不高的首要原因。

第七节　科研氛围淡，科研能力弱
科研制度缺失

在广西边境县级职业学校谈起科研，往往会引来不少教师的嘲讽：“科研是专家学者们做的事，我们老师不会做，也做不来。”教研组开展的常规教研活动，很多是走走形式，应付检查，完成任务。比如在开展组内教师相互听评课学习活动时，教师参与的积极性不高，总有赶鸭子上架的感觉；评课时，教师间为了相互不“得罪”，表达的都是“你好、我好、大家好”的意思，很难达到互相提高的目的。教师们在课堂教学科研中表现的是“好好式科研”。开展课题研究申报工作时，给老师挂名可以，要求老师脚踏实地投入教育教学研究工作的可能性却不大，在科研上老师有“不劳而获”的思想倾向。在课题研究上教师思想体现的是“搭便车式科研”。每个学年要求提交的教育教学论文，除少部分老师的论文是真材实料，用心撰写出来的之外，有很多教师提交的论文都是从网络上复制编排而来，是典型的“网络粘贴族”。这部分老师在科研上表现为“应付式科研”。为了学校的专业设置、课程开发、招生就业而开展的市场调研，大多数广西边境职业学校的管理层还没有这个意识，对普通教师来说更是“免谈式科研”。

广西边境县级职业学校的教育教学科研氛围淡薄，主要原因有如下几个方面：一是主管地方职业教育的管理部门缺乏科研强校的意识。二是地方政府和职业学校没有一套完善的职业教育科研机制，据

调查，在7个广西边境县（市）中，至少有3个县（市）政府出台了教育教学激励机制，但遗憾的是在这些已经出台的教育教学制度中，涉及职业学校教育教学研究的内容不多；另外，在职业学校中，制定有教育教学激励机制并不折不扣执行的学校很少。三是人们常说有什么的思想，就会有什么样的行动。处在边远地区的广西边境职业学校教师，教育教学科研理论是高度缺乏，没有理论的指导或者说没有科研理念，自觉的教育教学研究行为可以说是凤毛麟角。

广西边境县级职业学校的教师，由于处于中国职业教育的最基层——边远落后的山区，受学校经济条件的限制，外出学习的机会很少，能请专家学者来校讲学的更少，教师在教育科研上得到培训的机会极少，严重缺乏教育教学理论知识，对教育科研理论与科研方法了解不多，整体教育科研能力十分薄弱。边境职业学校的教师处在教育教学科研氛围非常淡薄的环境中，又缺乏教育教学科研理论和方法的支撑，教育教学科研能力弱化甚或缺失是必然的结果。

调查发现，广西边境县级职业学校的教育教学科研制度很不完善。在7所边境职业学校中至少有一半学校还没有建立科研制度，在制度建设上缺乏激励机制，教师的教育教学科研做与不做一个样，做好做坏一个样。在科研工作中有一定成绩的教师，在评比先进、优秀、职称、待遇方面并没有得到倾斜。在教研组和专业组的建设上，没有真正下放权力给教研组，教研组开展教育教学研究缺乏政策制度经费支持，活动往往走形式、走过场，活动多为应付式和任务式，容易把教育教学科研工作引入歧途，结果造成广西边境职业学校缺乏科研氛围，教师科研意识不强，教师对科研工作冷漠等现象。在广西边境县级职业学校要实施“科研兴校”，任重而道远。

第八节　学生管理存在放任自流问题

广西边境县级职业学校的学生是经过层层筛选后剩下的学生，自由散漫、逃课旷课、恋爱网游、抽烟喝酒、打架斗殴、白天不学习、晚上不睡觉、早上不起床、早读没书声、课堂不学习、晚自习不见人、考试交白卷、自评为优秀等是广西边境县级职业学校学生的“真人秀”。学校、政教（学生）处、团委、班主任等，在面对这些“刀枪不入”的学生时，需要“修正”的学生思想和行为太多了。面大、量广，任务艰巨，如何着手“修正”，从哪方面着手，这是个棘手的问题。问题学生往往把有关人员弄得焦头烂额，加上边境职业学校教师人手不足，很多班主任还要兼任教学工作、招生工作和学生的就业工作，工作任务十分繁重，教师顾此失彼。很多边境职业学校不敢直面这些“能文能武”的学生，不得不选择“知难而退”，由开始觉得学生不好管理，到不想去管理学生，再到懒得去管理学生，直到放弃管理。学生自由自在了，教师却一片茫然，学校的教育教学质量严重下滑，学生管理和教学管理步入“兵荒马乱”的状态，学校的形象一落千丈，学校的生存与发展遭遇严峻挑战。

据调查，在广西边境县级职业学校，几乎所有的专业，学生流失率都超过1/2，严重的流失率超过2/3。边境职业学校的高流失率，可以在广西区教育厅每年组织的中职毕业证书办理时得到印证。一个专业在招生录取单上学生的人数是200多人，三年后去办理毕业证时，少于100人办理毕业证的情况，司空见惯。记得广西区教育厅办理中职毕业证的一位工作人员曾经说过：“一个中职学校的办学水平如何？教育教学质量是高是低？教学管理水平怎么样？学生管理水平怎么样？都可以从该校每年的录取新生人数与该届学生办理毕业证的学生人数的比值看出来。比值越小，学校的管理质量越差。”这句话是对中职学校管理水平的高度概括，一语中的。如果辛辛苦苦招录来的学生，在一年半载的时间里就流失了，不管学校怎么样高调宣传自己，千方百计地树立学校的良好形象，都是不管用的。还是俗话说得好：“喊破嗓子，不如做出样子。”如果哪个职业学校三年时间里，学生的流失率少于10%，那么这个学校的管理、教学的管理、学生的管理就不会差到哪里去。

在广西边境县有一所职业学校的一个班级的学生，一个学期全班学生全体旷课率达4/5，学校也没有任何的办法来处理学生，弄得班主任和任课教师只能低声下气地求学生来上课，但学生并不给老师面子，还是我行我素。班主任和任课老师的心很累，是一种不被尊重、不被认可的“累”，是在管理学生时黔驴技穷的“累”。边境县级职业学校学生管理效果不佳，缘于如下几方面原因：一是学校不敢用严明的纪律来约束学生，害怕因此而让学生流失，害怕因此引起学生无端生事。学校只求学生在学校能平安就行，其余都是次要的。二是职业学校学生的管理工作难度大，就算花费九牛二虎之力去管理学生，取得的效果也不是十分明显，与其如此，不如图个安逸。三是在学生管理工作中，没有真正体现“多劳多得，优劳优得，不劳不得”的分配原则。学生流失不流失，流失多还是流失少，与学生管理人员的绩效不挂钩。四是学校或班主任想通过开展活动的方式，使教育管理学生的元素渗透在活动之中，但广西边境职业学校学生人数比较少，缺乏开展规模化活动的土壤，活动的氛围难以营造，活动的成效大打折扣，难以取得预期效果。

学生的管理工作做不好，会严重影响教育教学工作的顺利开展，使学生的培养质量得不到保证，进而影响学生的就业，影响社会对学校的正确评价，影响学校的良好声誉，影响学校的招生，影响学校的发展，最终威胁学校的生存。

第九节　招生工作进入误区

广西边境县级职业学校招生难的问题越来越突出。从广西边境县级职业学校的发展历程可以看到，每一所职业学校从建校起都十分重视招生工作。在20世纪80年代到20世纪90年代初期，中国经济社会处在计划经济时代，企业还没有深入改革，招生工作一般有计划指标，学生的就业由政府去考虑，就业方向是国有企业、集体企业、事业单位等。广西边境县级职业学校的招生工作有困难，但难度不大，完成任务指标不成问题。到了20世纪90年代中期以后，我国的市场经济逐渐建立起来了，企业进行深化改革，涌现大批下岗工人，同时高等教育大力扩大招生，普通高中的招生规模进一步加大，大学毕业生取消分配，进入社会实行“双向选择”就业，企事业单位拔高择业人才学历层次，只有中专学历的职业学校毕业生就业空间进一步被压缩，致使职业学校的毕业生很难找到工作，在广西边境县级职业学校的毕业生就业更加艰难，招生工作随之陷入困境。在20世纪90年代末期，不少的广西边境县级职业学校到了生死存亡的时刻，为了生存，有的边境职业学校招收了义务教育阶段的初中班，如凭祥职业学校、大新职业学校等；有的招收以高考为主的综合高中班，如宁明职业学校、靖西职业学校等。

21世纪初，国家召开了全国职业教育工作会议，从国家层面引导全社会重视职业教育，大力发展职业教育事业。此时期，广西边境县级职业学校的招生出现了几次小高潮。特别是2003、2004这两年，边境职业学校的招生出现爆棚情况，如2004年凭祥职业学校仅商务越南语专业招收的新生就突破了1 000人大关，该校原有的教学设施设备、师资力量远远不满足教学工作需要，不得不到相邻的凭祥高中租借一栋教学楼来开展教学，在学校外面租赁了一栋宾馆作为学生宿舍用，在学校旁边租用了一栋写字楼作为教师的办公室，外聘了10多名的专业教师，才基本满足该校的教育教学软硬件需求。此时期广西边境职业学校招生之所以这么火爆，主要得益于中国与东盟国家自由贸易区的建立，人才市场对经贸、东盟小语种人才的需求骤增。而广西边境职业学校地处中国与东盟国家的交汇处，具有优越的地理优势，全国各地商贾云集于此，成为各地青年学生学习东盟语言和经贸技能的首选之地。随着各大学、高职高专和省市级中职学校开设相应的东盟小语种与经贸专业，广西边境职业学校的优势渐渐被弱化，招生的爆棚仅仅是昙花一现。2007年后，广西边境职业学校的招生人数急剧萎缩。进入21世纪20年代初，在7所广西边境县级职业学校中，能完成上级的指导性任务招生人数的，不超过边境职业学校学校数的一半。

虽然全国职业教育工作会议多次召开，特别是2014年的全国职业教育工作会议，规格之高，重视的程度都是前所未有的。但至今职业教育特别是中职教育被轻视的情况并没有多大的改观。招生工作仍然困扰着中等职业教育，特别是广西边境县级职业学校的招生工作困难更大。据调查，有一所广西边境县级职业学校在“职教攻坚”期间，有两年没有招收到一个全日制的学生，有一所广西边境县级职业学校在“职教攻坚”期间投资了3 000多万元，但两年的全日制招生人数总计不超过100人。广西边境县级职业学校的教学设施设备已经得到了充实，为什么人们不选择就读中等职业学校？也就是说，为什么人们不认可边境职业学校？

广西边境县级职业学校为了完成上级下达的招生任务指标，在招生工作上非常舍得投入，每一所职业学校在招生工作上投入的人力、物力、财力从不吝啬。从县教育主管部门到校长到一般老师都有招生任务，有招生的工作职责，有专用的招生经费，有招生工作计划，有具体的行动方案，甚至有的边境职业学校还发动在校学生加入招生宣传队，通过各种媒体进行宣传招生。“层层落实，人人有责”，可以说能想到的办法都用上了。但纵观近几年的广西边境县级职业学校的招生情况，除个别学校能完成指标任务外，多数职业学校的招生成效不理想，任务指标没有完成。有的职业学校把主要精力放在“凑”招生数字上。分析其原因，不难发现，广西边境县级职业学校都认为，在人财物上大力投入招生工作了，学生就会源源不断地来到边境职业学校就读，但实际情况远远出乎招生工作策划人的意料之外——学生没有来，招生“妙计”失灵。

广西边境县级职业学校的招生工作为什么投入与产出不成正比？因为招生工作指导思想已经偏离了正轨，进入了误区。认为只要在招生工作中，投入大本钱，大力宣传甚或夸大宣传学校，就能达到预期的招生目标，这是大错特错的。依靠大量人财物的投入来开展招生工作，只可胜一时，不可能持久。

其实，一所职业学校能得到社会的认可，能吸引学生来就读，不是靠学校自己“吹”出来的。靠的是：一是有一支精良的学校管理队伍，俗话说“兵熊熊一个，将熊熊一窝”。管理队伍应该精诚团结，热爱职业教育，熟悉职业教育管理规律，具备先进的职业教育教学理念，具有开拓创新的进取精神，清正廉洁，克己奉公，甘于服务社会、学校、师生。二是在专业设置上开创特色专业。专业建设敢为人先，如凭祥市东南亚外语学校的商务越南语专业。三是打造优秀的专业教师队伍，专业教师是培养高质量人才的重要保证。四是有完善的教学设备设施和专业实训室，这是保证培养人才质量的基础。五是学校有完善的科学的管理制度，并能得到不折不扣的执行。六是毕业生就业渠道畅通。毕业的学生能就业、会创业，学生就业质量高，学生就业的职业发展空间大，能持续发展。

第十节　轻视毕业生就业推荐工作

根据调查得知，广西边境县级职业学校基本都设有学生就业处，负责毕业生的就业推荐工作，也负责收集就业信息。但工作比较被动，对就业市场了解不多，就业部门走出去的机会不多，学生就业工作没有真正打开局面，对学生的就业指导工作比较随意或缺位，对毕业学生的就业跟踪调查几乎没有进行。对学生的就业抱有“钓鱼式”态度，企事业单位、厂店等上门找学校要人时就组织一下学生应聘，没有人上门招聘就给就业部门“放长假”。对学生就业工作的重要性认识不足，工作主动性不强，缺乏把就业工作纳入学校整体工作思考的意识。认为就业工作做不做、做好做坏都是一个样。这种错误认识严重地影响了学校的良性发展。工厂要实现经济增效，必须把生产出来的商品销售出去，创造利润，才能达到生产产品的预期目标。中职学校培养出来的毕业学生，就像是工厂里生产出来的产品。中职学校要实现社会效益和经济效益，就必须把培养出来的学生推荐出去就业，只有毕业的学生高质量地就业了，学校的各项工作才能彰显其社会意义——让无业的人能就业，让有业的人更乐业。

另外，有个别广西边境县级职业学校的就业部门，把学生当作“商品”卖给职业中介，让职业中介把学生当作农民工去为他们赚钱。职业中介安排的就业岗位与学生所学专业常常错位，劳动强度大，劳动时间长，劳动环境差，工作生活待遇低，这些都强化了边境职业学校毕业生对职业学校的负面认识，导致边境职业学校毕业生对母校进行反宣传，进一步弱化边境县级职业学校的吸引力。

就业与创业服务意识、指导性不强，跟踪服务不到位。中等职业学校的教育教学质量与学校的管理水平高低，可以从毕业学生的就业与创业质量上体现出来。许多边境地区职业学校在就业方面追求的是数量，而忽视了就业的质量。随随便便地把毕业学生交到企业或公司就算是完成了对学生的培养任务。对学生的就业和创业不再指导和跟踪调查，任其“自生自灭”。其实，对学生自我就业与创业的指导与跟踪，有助于获得学校管理和教育教学质量水平的信息反馈，从而据之对学校管理和教学工作进行相应的改革，促进学校办学水平和教育教学质量的不断提高。

第十一节　办学经费不足

在国家政策中，提倡大力宣传职业教育。国家越来越重视职业教育，国发〔2005〕35 号《国务院关于大力发展职业教育的决定》中提出：“（二十五）各级人民政府要加大对职业教育的支持力度，逐步增加公共财政对职业教育的投入。”教职成〔2011〕13 号《教育部等九部门关于加快发展面向农村的职业教育的意见》中提到：“（三）着力改善办学条件，大幅提升农村职业教育基础能力。”“（十四）加大公共财政对农村、农业职业教育投入。”国发〔2014〕19 号《国务院关于加快发展现代职业教育的决定》中提出：“（二十四）加大对农村和贫困地区职业教育支持力度。”这些国家政策中都强调要加大对职业教育特别是农村和贫困地区的职业教育的投入，广西边境县级职业学校不仅是“农村和贫困地区的职业教育”，而且还是“民族的和边境的职业教育”。

国发〔2005〕35 号《国务院关于大力发展职业教育的决定》提出的“国家重点扶持建设 1 000 个县级职教中心”，7 所广西边境县级职业学校中仅有龙州县职教中心获得建设扶持，在“重点建设高水平的培养高素质技能型人才的 1 000 所示范性中等职业学校”中，广西边境县级职业学校没有一所达到重点建设扶持要求，当然也就没有得到国家的投入。

在地方政府的投入中，把普通高中的投入与职业学校的投入做个对比，就会发现地方政府在职业教育方面的投入远远低于对普通高中的投入，这在广西边境县级职业学校中是普遍情况，造成现在广西边境县级职业学校中还有校园面积不达标、教学设施设备缺乏、专业教师奇缺的局面。据调查，目前在广西 7 个边境县级职业学校中，有一所是自治区评价为不合格的学校，甚至有一所职业学校还没有教学楼，没有教师办公楼。如果广西壮族自治区的“职教攻坚”验收不是对个别职业学校进行抽查，而是对全部广西边境县级职业学校进行检查验收，那根据我们实地调查的情况来看，至少还有两所广西边境县级职业学校达不到验收要求。能得到国家重点扶持的职业学校当然是鼓舞人心，学校的基础建设能力得到明显提升，增强了被扶持职业学校办好职业教育的信心和决心，并且对周边的职业学校起到一定的示范、辐射、引领作用。但它的弊端也是很明显的，就是加剧了地处偏僻落后地区的没有得到国家政策扶持的其他边境县级职业学校的生存危机。

职业教育经费投入不足，办学基本条件得不到保证，是制约广西边境县级职业学校发展的瓶颈之一。2008 年“职教攻坚”前，广西边境地区各县市职业教育每年所获得的政府教育拨款不足办公经费的 60%，导致许多边境地区职业教育学费偏高。从 2000 年到 2007 年，边境地区许多中等职业技术学校的学费高达每学年 2 000~2 500 元，而边境地区不少农村城镇家庭收入并不高，使不少初中毕业后的学生直接流向“长三角”和“珠三角”等经济发达地区就业工作，致使边境地区中等职业技术学校陷入生源匮乏的困境，有的职业学校被迫重新招收高中高考班或初中教学班学生，办学方向偏离了职业教育的轨道。由于资金投入不足，许多中等职业技术学校没有配备专业的实训基地，历经千辛万苦招来的学生却难以留住，辍学率奇高，情节严重的班级或专业辍学率超过 80%。在边境地区，从事职业教育的教师待遇低，国家的绩效工资政策出台了好几年，义务教育学校的教师也于 2009 年实施了绩效工资，而同在一片蓝天下、同喝一江水、同走一条上班路的职业学校教师却推迟至 2011 年才实施绩效工资，并且用于实施奖励性绩效工资的比例，比义务教育学校的还要多 10%。国家多次召开全国性职业教育工作会议，强调、重申与倡议全社会都要重视职业教育，随后在国家职业教育硬件设施设备上也确实进行了大力投资，也于 2007 年逐渐实施了中职学生的资助政策，中职学校的办学条件此后有了不同程度的改善。但国家唯独在职业教育教师待遇这方面投入得太少了，作为职业教育起主导作用的职业学校教师却被国家忽略了。正是因为职业学校的教师没有得到应有的待遇，职业学校很难吸引年轻的优秀的人才到职业学校来任职。就算有一些人才进入职业学校，也仅仅是把职业学校作为职业生涯规划当中的中转站，一有机会他们就会逃离职业学校，追寻他们的职业梦想去了。这种情况在广西边境县级职业学校尤为严重。所以，目前广西边境县级职业学校的教师队伍老龄化比较严重，引不进新的年轻教师来充实和加强师资力量，就算引进了年轻的教师也留不住。我们常说“待遇留人”，在广西边境县级职业学校的教师没有得到应有的“待遇”，用什么去“留人”呢？广西边境地区的现代职业教育体系由谁去构建呢？

第十二节　校园文化建设缺位

在广西边境县级职业学校，由于多年处于战争前沿，人们的思想观念落后，社会经济发展水平低，教育教学水平低下。地方政府对教育不是很重视，对教育的投入少，对职业教育的投入更少。很多时候边境县级职业学校要维持基本的日常工作正常运转都有困难，更没有多余的精力去考虑其他事情，特别是在校园文化建设方面，考虑得更少。

一方面，由于教育教学思想观念的限制，不理解校园文化建设在育人中的重要作用，或者没有意识到校园文化建设的必要性；另一方面，由于学校经费紧张或入不敷出，根本没有经济能力实施校园文化建设，在学校的众多工作中，只能牺牲校园文化建设了。

许苏民在《文化哲学》中提出：文化是一个标志着人类在真善美诸方面的发展水平的哲学范畴，是处理其与客观世界的多重现实的对象性关系和解决人类心灵深处永恒矛盾的方式。人的对象化活动的产物包括物质文化、制度文化、观念形态的文化和一切具有物质载体的文化事物。在这里把文化分为三类：物质文化、制度文化、观念形态（精神）的文化。这三类文化既独立又相互联系，是一个有机整体。

据调查，7 所广西边境县级职业学校的校园文化建设基本上是缺位的，表现在校园的物质文化建设方面，如校园的美化、绿化、净化受经济困扰，难以实施；在学校制度文化建设方面，由于边境县级职业学校的教师队伍整体文化素质不高，教育教学观念落后，师资力量不足，没有能力、时间、精力来制定完善的学校制度文化；在学校精神文化建设方面，受校园物质文化建设与学校制度文化建设的影响和区域经济社会发展水平的制约，学校的专业设置、课程和教材开发、人才的培养、毕业生的就业工作等与市场经济脱节，在广西边境县级职业学校难以发现能起引领作用的学校精神文化。

个别的广西边境县级职业学校有一些零零碎碎的校园文化建设的影子，如在教室的侧面墙壁上挂有名人名言，在校园宣传栏里有一丁点的宣传学校的内容，或者与普通中小学一样粉刷一些世界地图和中国地图等，但是很少见到有能展示学校办学特色、育人特色、专业特色、教学特色、教师特色、学生技能竞技风采等这些校园文化的展板，这也正是广西边境县级职业学校最缺乏的校园文化，也是最需要加强建设的校园文化。之所以没有特色的校园文化是因为学校的办学缺乏特色。

第十三节 校校合作、校企合作导向缺失

从国家到地方大力宣传职业教育要走合作办学的道路，具体到职业学校也很重视合作办学，有校校合作、校企合作、学校与部门合作、国内合作、国外合作等很多的合作办学模式。据了解，在广西边境县级职业学校的合作办学中，有跟风现象，为了合作而合作，至于为什么开展合作办学，怎样开展合作办学，合作的预期效果是什么等方面都没有进行深入的论证。只是看到别的学校在搞合作办学了，我们也得搞合作办学，以表示没有落后于别人。有的合作是为了沽名钓誉或者为了获取政绩的证据，而不是为了提高人才的培养质量，更不是为了学校的发展。这势必导致合作办学出现导向性的错误，表现为具有功利性和盲目性。

广西边境县级职业学校开拓勇气不足，合作意识不强。广西边境县级职业学校位于比较封闭的区域，交通相对落后，信息比较闭塞，自我封闭、被动等待是边境县级职业学校的惯性思维，主动与相关的部门、企事业单位联系的不多，而职业教育与经济社会是联系最紧密的教育，职业学校要想生存、发展、壮大，需要开放的、开拓的创业精神，更需要合作精神。

校企合作、工学结合的办学发展机制不健全。广西边境地区工业、商业、制造业并不发达，能提供的就业岗位并不多，能提供实习岗位或学徒工岗位的就更少了。旅游业、酒店服务业、国际商务、边境小额贸易是边境地区各县市经济社会发展的主要支撑点，但这些行业规模不大。广西边境县级职业学校要开展校企合作、工学结合的教育教学办学模式，难以找到合适的企业来合作。另外，边境地区小规模的企业，出于商业保密，以及为了实现企业利润的最大化，也不愿意与当地的职业学校建立合作关系。校企合作、工学结合双赢办学模式在广西边境职业学校仍处于纸上谈兵的阶段。究其原因：第一，学

校的配套实训基地及师资力量建设落后，除了缺乏实训基地外，也缺乏相应的专业教师，不能满足企业联合办学的标准；第二，对企业联合办学的研究调查不够全面，企业在校企合作中能获得哪些利益？企业最需要我们职业学校做什么？企业需要职业学校提供怎样的人才支撑？在如何开拓企业与学校的联合办学模式方面，没有深入的调查研究，没有探到企业在校企合作中的兴趣点，没有能够激发企业对校企合作的热情。第三，国家在校企合作、工学结合方面，没有一套完善的保障机制和配套的法律。企业在职业教育中应当享有的权利与承担的社会责任，没有一个明确的界定。

第十四节　职业教育倾斜性政策对边境职业学校的负面影响

在中国很多领域制定的政策都有倾斜性。获得政策倾斜的区域，在人事、财政等方面会得到国家或政府的大力扶持。如经济领域有经济特区，有沿海沿边开放城市；在中等职业教育领域有“国家级重点中等职业学校”“国家级示范性中等职业学校”；在省级里还有“省级重点中等职业学校”“省级示范性中等职业学校”“省级示范性专业”“省级示范性特色专业实训基地”等，获得这些项目立项的学校，在办学规模、办学质量、办学效益上就会“更上一层楼”。

倾斜性的职业教育政策，可以集中力量办好部分职业学校，然后带动周边学校的发展，最终达到全国职业教育的大发展。这个政策与“先让一部分人先富起来，带动其他人共同致富，最终实现共同富裕”的政策比较相似，但我们看到的实际情况是：一部分人是先富起来了，但并没有达到共同富裕，而是贫富的差距拉大了。在职业教育领域实施的倾斜性政策，让广西边境县级职业学校产生了同样的疑虑。

2014 年，广西教育厅、财政厅等部门联合下发《关于全面实施中等职业教育免学费政策的通知》。通知中提出：“免学费补助资金由广西财政统一核拨，其中，广西直属中等职业学校每生每年平均

2 200 元，市属中等职业学校每生每年平均 2 000 元，县（市、区）属中等职业学校每生每年平均 1 500 元；高级技工学校技工学生每生每年平均 2 500 元，高级技工学校技师学生每生每年平均 3 000 元；广西直属艺术类中等职业学校每生每年平均 5 000 元，市、县直属艺术类中等职业学校每生每年平均 3 500 元。”我们不知道这样的倾斜性政策，是否能让广西边境县级职业学校达到“共同富裕”的目的。这样的倾斜性政策在扶持了区直、市直等中职业学校的同时，是否能带动县级职业学校的发展。这样的倾斜性政策与《国务院关于加快发展现代职业教育的决定》中关于职业教育的规定是否有不相符的地方。

类似“先富一部分人，再实现共同富裕”的职业教育政策还有不少，有兴趣的朋友可以去找找。

第三章　广西边境县级职业学校的建设实践与经验

第一节　更新职教观念　提高全民认识

一、职业教育观念

在谈更新职教观念前，先让我们了解几个概念。

（一）“职业”的定义

辞海中“职业”的解释为：

① 官事和士农工商四民之常业。

② 职分应作之事。

③ 犹职务；职掌。

④ 犹事业。

⑤ 今指个人服务社会并作为主要生活来源的工作。

因此，我们在这里谈的“职业”，应该是取“个人服务社会并作为主要生活来源的工作”这个含义。

（二）“教育”的定义

① 培养新生一代准备从事社会生活的整个过程，主要是指学校对儿童、少年、青年进行培养的过程。

② 用道理说服人使照着（规则、指示或要求等）做，如：说服教育。

（三）什么是“职业教育”

“职业教育”是指：对受教育者实施的某种职业或生产劳动所需的知识和技能的教育。1996 年 5 月 15 日颁布的《中华人民共和国职业教育法》，规定了建立、健全包括职业学校教育与职业培训的职业教育体系。职业学校教育由初、中、高等职业学校或普通高等学校实施；职业培训包括从业前培训、转业培训、学徒培训、在岗培训、转岗培训等，分别由相应的职业培训机构或职业学校实施。

（四）“观念”的定义

“观念”在辞海中的解释是：

① 思想意识。

② 客观事物在人脑里留下的概括的形象（有时指表象）。在百度百科上是这样说的：“观念从通俗意义上来理解，就是人们在长期的生活和生产实践当中形成的对事物的总体的综合的认识。它一方面反映了客观事物的不同属性，同时又加上了主观化的理解色彩。观念的正确理解为，人们对事物主观与客观认识的系统化之集合体。由于人们自身认识的历史性和阶段局限性，就决定了人们的认识会因时间的变迁而出现与时代不符合的意念。从这个意义上来理解，观念更新与否是区分旧观念与新观念的分水岭。”

经过对上面几个概念的学习，我们可以这样来理解“职业教育观念”：是对受教育者实施的某种职业或生产劳动（个人服务社会并作为主要生活来源的工作）所需的知识和技能的培养的思想意识。这个思想意识有时会落后于时代的发展，也就是我们常说的陈旧观念。

二、陈腐的职业教育观念的具体表现

那么，职业教育的陈旧观念表现在哪里？那就是对职业教育不重视，认识不到位。具体表现为没有认识到职业教育对经济社会发展的积极促进作用，没有认识到职业教育对促进我国的工业化、城镇化、信息化和农业现代化的作用，没有认识到职业教育对促进农村地区、民族地区、贫困地区、边境地区的扶贫致富、社会稳定、民族团结和谐、稳固边疆、提高国民素质的巨大作用。从地方政府到普通社会大众都普遍地存在重普教轻职教、重学历轻技能、重理论轻实践的观念，没有认识到县级职业学校可以做到“培养一个人，致富一个家”“一人学技术，引领全村人”的积极意义，把培养技术技能型人才的职业教育看作是“三流教育”。一位初中学校的校长说过一句话“你们中职学校就是收垃圾的，招收的学生是垃圾学生，培养出来的也是垃圾产品，没有什么前途的。”这位校长的话代表了社会上对中职学校的普遍看法，在广西边境地区表现得更为严重。要改变这种陈腐落后的职教观念，任重而道远。

三、树立现代职业教育理念

对于现代职业教育理念，我国的很多职业教育专家都有论述，下面摘录姜大源教授的《职业教育学基本问题的思考》一书中的观点，以供大家共同学习。

（一）基于多元智能的人才观

美国哈佛大学心理学家加德纳教授认为，人类的智能是多元的，不是一种能力而是一组能力。按照加德纳教授的多元智能理论，个体身上独立存在着与特定认知领域或知识范畴相联系的 8 种智能。

这意味着，个体的智能倾向（能倾）是多种智能集成的结果。但从总体上来说，仍可将个体所具有的智能类型大致分为两大类：一是抽象思维，二是形象思维。通过学习、教育与培养，主要能倾为抽象思维者可以成为研究型、学术型、设计型的专家，而主要能倾为形象思维者则可成为技术型、技能型、技艺型的专家。所以，对“专家”这一概念的理解，应该有一个新的诠释。数学家、物理学家、医学家是专家；工程师、政治家、歌唱家是专家；高级技工、技术员、高级技师同样是专家。应该说，他们是在社会不同工作岗位、不同工作阶段、不同工作层面上的专家，其对社会的发展，对人类的贡献，都是不可替代的。教育的根本任务，就在于根据人的智能结构和智能类型，采取适合的培养模式，来发现人的价值，发挥人的潜能，发展人的个性。

一般来说，职业教育的培养对象，主要具有形象思维的特点。不论是在中等职业学校，还是在高等职业学校学习的学生，与相应层次的普通高中以及大学专科的学生相比，他们是同一层次不同类型的人才，没有智力的高低贵贱之分，只有智能类型的不同。所以，职业院校与普通院校的培养对象在智能类型上的差异，决定了两类教育培养目标的差异——社会所需要的不同类型的人才，因此，它们是两类不同类型的教育。对此，从事职业教育的人应有一个清醒的认识。

现代教育研究表明，具有不同智能类型和不同智能结构的人，对知识的掌握也具有不同的指向性。现代社会对知识，特别是对应用性知识内涵的界定有了新的突破，即社会存在着两种属性的应用性知识：一是涉及事实、概念以及理解、原理方面的陈述性知识，要解答“是什么”（事实与概念）和“为什么”（理解与原理）的问题；二是涉及经验、策略方面的过程性知识，要回答“怎么做”（经验）的问题和“怎样做更好”（策略）的问题。教育实践和科学研究都证明，形象思维强的人，能较快地获取经验性和策略性的知识，而对陈述性的理论知识却相对排斥。这并非职业院校学生的弱势，而恰恰是优势所在。

对职业院校学生的智能类型准确定位，将有利于深入认识职业教育的特点，有利于增强学生成才的信心，有利于增强教师培养人才的决心。

（二）基于能力本位的教育观

在现代社会，人生发展与社会发展的互动态势更加明显。它表现在：一是劳动分工出现单一工种向复合工种转变。现代社会中职业劳动的性质类型的变化体现为体力劳动与脑力劳动、蓝领阶层与白领阶层、动作技能与心智技能的三大超越，发展中的劳动岗位呈现边际岗位的形态，要求劳动者具备跨岗位的本领。二是技术进步导致简单职业向综合职业发展。现代社会中职业劳动的智能结构出现跨专业技能（计算机、外语）、跨行业技术（工具、手段）、跨产业意识（环保、安全）三大复合态势，发展中的职业呈现边际职业的架构，要求劳动者具备跨职业的本领。三是信息爆炸催化一次性学习向终身学习跃迁。现代社会中人们不可能通过一次性学习掌握一生所需的全部知识和技能，一次性学习的思维定式已经过时，“显形”、“隐形”、“虚拟”三大学习形式成为可能，促使劳动者要具备不断开发自身潜能的本领。四是竞争机制迫使终身职业向多种职业嬗变。现代社会中人们不可能一生维系于静态的一次性职业岗位，一次性职业的思维定式也已经过时，跨职业、跨行业、跨产业的三大职业变动成为可能。

为此，以就业为导向的职业教育不仅要为人的生存还要为人的发展打下坚实的基础，其中能力培养发挥着至关重要的作用。树立能力本位的教育观，强调学习主体通过行动实现能力的内化与运用，正是素质教育在职业教育中的体现。

个体职业能力的高低取决于专业能力、方法能力和社会能力三要素整合的状态。专业能力指具备从事职业活动所需要的专门技能及专业知识，要注重掌握技能、掌握知识，以获得合理的智能结构。方法能力指具备从事职业活动所需要的工作方法及学习方法，要注重学会学习、学会工作，以养成科学的思维习惯。社会能力指具备从事职业活动所需要的行为规范及价值观念，要注重学会共处、学会做人，以确立积极的人生态度。

能力三要素的整合结果决定着个体在动态变化的职业生涯中的综合能力：当职业岗位发生变更，或者当劳动组织发生变动时，个体不会因为原有专门知识和技能的老化而束手无策，而是能在变化了的环境里积极寻求自己新的坐标起点，进而获得新的知识和技能。这种善于在发展与变革中主动应对的定位能力，是一个更高层次的能力，常被称为关键能力，这已成为世界职业教育界的共识。

能力本位的职业教育，要求学习主体在学习中有意识地掌握三个相互依存、有机联系的本领：一要独立地制订计划，这是一种预测性、诊断性的工作训练；二要独立地实施计划，这是一种过程性、形成性的工作训练；三要独立地评估计划，这是一种总结性、反馈性的工作训练。

能力本位所强调的能力，应被理解为个体所具有的一种状态，一种能在动态的社会情境、职业情境和生活情境中，采取专业化的、全方位的并勇于承担个人与社会责任的行动。能力更多地表现为个体主动面对生活与积极应对生活的一种心理准备，一种获取显性的生存本领的隐性的心理条件。这意味着能力是一个具有特别重要意义的概念，是一个在人格培养中具有最高层次的概念。结论是：无论是内涵还是外延，能力本位的教育观具有更加深刻、更加广博的意义。

（三）基于行动导向的教学观

行动导向的学习是教育学的一种新范式。所谓职业教育行动导向的教学，其基本意义在于：学生是学习过程的中心，教师是学习过程的组织者与协调人，遵循“资讯、计划、决策、实施、检查、评估”这一完整的“行动”过程序列，在教学中教师与学生互动，让学生通过“独立地获取信息、独立地制订计划、独立地实施计划、独立地评估计划”，在自己“动手”的实践中，掌握职业技能、习得专业知识，从而构建属于自己的经验和知识体系。

职业教育教学目标的定向性、应用性与整体性表明，职业教育的教学是一种“有目标的活动”，亦即“行动”。所以，强调“为了行动而学习”，职业教育的职业属性要求它的教学过程应尽可能与职业的工作过程保持一致性，因而这一整合将“强迫”学习过程依照职业的工作过程展开，以便获得完整的职业行动能力。

行动导向的教学观强调：学生作为学习的行动主体，要以职业情境中的行动能力为目标，以基于职业情境的学习情境中的行动过程为途径，以独立地计划、独立地实施与独立地评估即自我调节的行动为方法，以师生及学生之间互动的合作行动为方式，以强调学习中学生自我构建的行动过程为学习过程，以专业能力、方法能力、社会能力整合后形成的行动能力为评价标准。

（四）基于工作过程的课程观

长期以来，职业教育课程改革止步不前的原因在于，课程微观内容的设计与编排远未跳出学科体系的藩篱，因而在这一传统观念束缚下编写的教材始终不能适应职业工作的需要。无疑，课程内容的序化已成为制约职业教育课程改革成败的关键。按照工作过程的顺序开发课程，是凸显职业教育特色的课程开发的突破口。

课程开发有两个基本要素：一是课程内容选择的标准，二是课程内容排序的标准。

实现工作过程导向的课程开发，首先要解决的是课程内容的抉择取向问题。

由专业学科构成的以结构逻辑为中心的学科体系，传授的是实际存在的显性知识——陈述性知识，即理论性知识，主要解决“是什么”（事实、概念等）和“为什么”（原理、规律等）的问题。这是培养科学型人才的一条主要途径。

由实践情境构成的以过程逻辑为中心的行动体系，强调的是获取自我建构的隐性知识——过程性知识，一般指经验并可进一步发展为策略，即以尽可能小的代价获取尽可能大的效益的知识，主要解决“怎么做”（经验）和“怎么做更好”（策略）的问题。这是培养职业型人才的一条主要途径。

显然，以就业为导向的职业教育，其课程内容的序化首先要解决的是内容的取舍问题。答案是：应以过程性知识为主、陈述性知识为辅，即以实际应用的经验和策略的习得为主、以适度够用的概念和原理的理解为辅。

实现工作过程导向的课程开发，其次要解决的是课程内容的序化结构问题。

行动体系课程的内容编排是一种串行结构。学习过程中学生认知的心理顺序，与专业所对应的典型职业工作顺序，或是对实际的多个职业工作过程经过归纳、抽象、整合后的职业工作顺序，即行动顺序，都是串行的。这样，针对行动顺序的每一个工作过程环节来传授相关课程内容，实现实践技能与理论知识的整合，将收到事半功倍的效果。

按照工作过程来序化知识，即以工作过程为参照系，将陈述性知识与过程性知识整合、理论知识与实践知识整合，这意味着适度、够用的陈述性知识的总量没有变化，而是这类知识在课程中的排序方式发生了变化。课程不再是静态的学科体系的显性理论知识的复制与再现，而是着眼于动态的行动体系的隐性知识的生成与构建。

“知识的总量未变，知识排序的方式发生变化”，正是对这一新的职业教育课程开发方案中所蕴涵的革命性变化的本质概括。

我们应该具有怎样的职业教育观念才算得上是现代职业教育观念？2014 年 5 月，国务院印发了《关于加快发展现代职业教育的决定》，2014 年 6 月在全国职业教育工作会议上，习近平总书记做出了重要指示，李克强总理、刘延东和马凯副总理分别做了重要讲话，这表明国家对职业教育十分重视，给职业教育的发展指明了方向。

会议指出，职业教育是国民教育体系和人力资源开发的重要组成部分，是广大青年打开通向成功成才大门的重要途径，肩负着培养多样化人才、传承技术技能、促进就业创业的重要职责。习近平指出，要树立正确人才观，培育和践行社会主义核心价值观，着力提高人才培养质量，弘扬劳动光荣、技能宝贵、创造伟大的时代风尚，营造人人皆可成才、人人尽展其才的良好环境，努力培养数以亿计的高素质劳动者和技术技能人才。

职业教育要牢牢把握服务发展、促进就业的办学方向，深化体制机制改革，创新各层次各类型职业教育模式，坚持产教融合、校企合作，坚持工学结合、知行合一，引导社会各界特别是行业企业积极支持职业教育，努力建设中国特色职业教育体系。要加大对农村地区、民族地区、贫困地区职业教育支持力度，努力让每个人都有人生出彩的机会。

抓好职业教育工作，既是教育改革的战略性问题，又是重大的经济和民生问题，因此，必须将职业教育摆在更加突出的战略位置，作为深化教育领域综合改革的战略突破口和转方式调结构惠民生的战略支点，推动职业教育与经济社会同步发展，助推“中国制造”走向

“优质制造”和“精品制造”。

四、改变人们职业教育观念的措施

一是县级党政机关组织全体党员干部、行业企业、社区村镇群众，采取多种方式，如专题学习会议、网络网站、报纸杂志、电视广播、横幅板报、征文比赛、文艺汇演、趣味活动、家长学校等，大力宣传现代职业教育的指导思想，树立正确的人才观，透彻理解现代职业教育的办学模式，理解县域职业教育的专业设置与县域经济发展的紧密关系，了解职业教育人才培养的模式，明晰政府、行业、企业、职业学校、群众在职业教育中的责任，让全社会都认识到职业教育对推动县域经济社会的发展，富民兴边，民族团结，稳固边疆，促进边境地区农业现代化、城镇化、工业化和信息化建设，加强与周边国家的政治、经济、教育、文化的交流与发展具有十分重要的现实意义。

二是职业教育思想要从“娃娃”抓起，把职业教育思想贯穿到整个基础教育领域中。从世界发达国家来看，德国的经济是比较发达的，制造业处于世界领先地位，德国的经济腾飞的“秘密武器”正是职业教育。德国的教育从小孩 10 岁就开始分流了，也就是说德国的职业教育是从 10 岁的小孩开始的，选择实科的学生将进入职业学校学习，而选择理科的学生将来会进入大学学习。据报道，德国约 30% 左右的学生会进入大学学习，而 70% 左右的学生将进入职业院校学习，这与德国从小学生就开始职业思想教育有很大的关系。我国的职业教育也应该从小学开始，在小学的课程中渗透职业教育的内容，如可以介绍社会上各种职业的情况，各种职业需要什么知识与技能，各种职业的工作环境、工作条件、工作发展前景等。让学生从小就树立起基本的职业概念，避免到了初中毕业后，突然说要到职业学校学习，学生对职业、职业教育、职业学校是一头雾水，对职业、职业学校、职业教育一无所知，造成了绝大多数家长、学生只能选择“小学—初中—高中—大学”的成才之路，就算有少部分家长把小孩送到职业学校就读，要么是小孩的学习能力的确不如人意，要么是家庭经济太困难，难以支持小孩进一步上高中、大学，进入职业学校是无奈的选择。因此我们必须加大职业教育思想的教育。

三是积极打通中职、高职、应用型技术大学的成才道路。多年来，中国的职业教育可以说是“断头教育”，进入职业学校就读的学生，至少95%以上的学生，人生的学历层次被定格在中专水平，这个情况在边境地区的比例还更高，把中专、大专、本科甚至研究生成才路径打通，顺应中国人的成才情结，同时也适应中国产业升级转型对高层次技术人才的需要，让进入职业学校的学生就业成才两不误。

四是要积极推进社会就业公平制度。目前我国的公务员、事业单位、国企招聘人员都要求本科以上学历，把许多具有一技之长的职业学校毕业生阻拦在就业门槛之外，职业资格证书与文凭在应聘就业工作中不是平等关系，人们看重的是文凭，对职业资格证书不是很重视。在英国，企业职业资格证书与学位文凭会得到同样的待遇，在薪资方面，技术工人与企业白领没有多大的差别。中国的职业教育要健康发展，国家对于职业院校的毕业生入职与工作薪酬方面就应该在政策上进行引导，在法律上进行立法保障。

第二节　专业建设与区域经济对接

一、边境县域经济与专业建设特点

职业教育要以服务发展为方向，对边境县级职业学校来说就是服务于县级区域的经济社会发展。边境县级区域的经济社会发展需要职业教育提供人才资源支撑，而边境县级职业学校的发展需要边境县级区域经济发展作为基础。广西边境县（市）经济发展的特点是：经济发展落后，经济总量小，以农业为主，对外贸易发展不均衡，工业发展起步较迟，第三产业欠发达，各边境县（市）的特色产业、支柱产业、主导产业不突出。以促进县域经济发展为方向的县级职业学校找不到发展的着力点，表现为在边境县级职业学校的专业设置上，能体现区域产业特色的专业很少。如在7所广西边境县级职业学校中，有7所职业学校开设有计算机应用、电子电器维修、汽车运用与维修等这些大众化的专业，在专业设置上出现“人有我有”“人无我无”的局面。在近两年来，国家开始重视学前教育工作，在7所边境县级职业学校中至少有6所职业学校开设了学前教育专业，大家蜂拥而上，专业重复设置、资源浪费、边境职业学校间恶性竞争在所难免，其结果是“多败俱伤”。

二、县域经济发展带动专业建设

在广西边境县域的经济发展上和边境县级职业学校的专业建设上都应该遵行“人无我有”“人有我优”“人优我特”“人特我强”的原则，这就需要我们当地的政府部门善于挖掘本地区的经济特点，大力发展本地区的特色经济、特色产业，相应的县域职业学校要紧紧围绕本区域经济发展特色来开展职业教育，开设相应的专业，切切实实为区域经济发展提供强而有力的人才支撑，并且随着经济社会的发展不断地调整优化专业设置，培养切合经济社会发展需求的人才。

广西边境县域经济的发展带动边境县级职业学校专业建设取得过显著成效。如凭祥市东南亚外语学校开设的商务越南语专业，就是依托本区域的主导产业——中越边境贸易而逐渐建设起来的。20世纪80年代末期，中越关系逐渐正常化，1992年国务院批准凭祥市为对外开放城市，中越贸易享受一系列的优惠政策，中越两国间的政治、经贸、文化、教育等交流日益紧密频繁，对掌握中越两国语言文化并具备一定技能的人才需求量很大，边境贸易也上升为凭祥市的主要经济收入来源，凭祥职业学校抢抓机遇，1990年开设了越南语专业，设置有文化课和越南语课程，学习内容比较简单，基本以学习语言为主，但持续到1999年，该专业办学规模比较小，办学质量一般，培养的人才仅仅能支持边境贸易商务口语交流，人才层次不高，技能单一。这样的语言人才在本区域有大量的民间培训机构在培养，此时的凭祥职业学校的越南语专业并没有什么特色优势可言。为了依靠中越边境贸易这个特色经济，办出职业教育的特色专业，扩大办学规模，提高办学质量，提升人才规格，凭祥职业学校多次组织骨干人员进入越南河内市、胡志明市、海防市和谅山市等地，并主动拜访了中国驻越南大使馆的商务参赞和驻越台商港商商会。通过深入调查研究，了解人才市场需求，收集企业信息，招募教学人才，为开办商务越南语留学班特色专业做好充分准备。2000年春，凭祥职业学校开办了首届越南语专业留学班，首次与越南河内外国语大学签订了联合办学协议，也首次打开了广西边境职业学校走出国门办职业教育的先河，越南语专业提升为商务越南语专业。自此之后，凭祥职业学校的商务越南语专业年年招生爆满，培养的学生也由开始的单一语言技能，到以“语言技能+专业技能”为培养模式的转变，专业技能包括企业管理技能、旅游管理技能、财会技能、文秘技能和信息处理技能等。毕业生的就业由仅仅服务本地区经济发展到既服务本地区经济，又向国外驻华资企业转移。毕业生的工作环境、工作待遇得到了质的提升。

正是因为凭祥职业学校开设的商务越南语专业与区域经济的高度对接，办出了特色，才走向了强大，切合现代区域经济一体化的发展趋势，所以商务越南语专业才会有强大的生命力。

三、省级政府统筹边境县职业学校专业建设

广西边境县级职业学校的专业建设与区域经济的发展对接，必须由自治区人民政府统筹规划，因为广西边境7所县级职业学校分别由百色、崇左、防城港三个地级市管辖，广西7个边境县（市、区）在本区域的经济发展有很多相似的地方，比如都是与越南有交界的边境县（市），县域经济中都把边境贸易作为本地区经济主要发展方向；商务越南语专业应该是与边境贸易这一经济产业联系最为紧密的专业，每个边境县（市）都有边境口岸或边贸互市点，都有发展边境贸易专业的条件，都可以开设类似商务越南语的专业。同样的情况，广西边境县（市）都是中国内陆对接东盟市场的节点城市，是中国面向东盟的桥头堡，进出口业务十分兴盛，发展物流服务与管理专业前途广阔；广西边境县（市）具有边境、跨国、民族、田园等丰富的风情游优势，发展旅游服务与管理专业，服务当地经济，前景应该看好，中越边境跨国旅游区建设是各边境县（市区）的共同追求；随着现代社会的发展，家用汽车进入千家万户，广西边境县（市）也不例外，

汽车的运用与维修也是一个大市场，每个县市都可以开设汽车运用与维修专业；家电是现代每个家庭的必备生活品，电子电器维修市场也需要大量的家电维修技能人才来支撑；还有计算机应用、学前教育、种养、多种经营专业等。如果7所广西边境县级职业学校都要开设如上所述的所有专业，势必会陷入专业重复建设、教育资源浪费、区域内学校间恶性竞争的局面。要解决这个问题只能由自治区人民政府来统筹谋划，合理设计，把广西边境7所县级职业学校作为一个区域经济体来规划，在各个边境职业学校现有专业的基础上，权衡利弊，指导、协调广西边境县（市）级职业学校的专业设置，发挥县级职业教育在广西边境经济建设中应有的作用。

四、边境职业学校规范专业建设管理

边境职业学校在专业建设中，走科学化、规范化道路，制订了切实可行的专业建设管理制度。制度的具体内容如下：

（一）总则

为加强我校专业建设，改善办学条件，优化专业结构，提高办学水平、教学质量和办学效益，促进学校规模、结构、质量、效益协调发展，特制定本办法。

（二）专业建设规划

（1）各部应成立由部长为组长的专业建设领导小组，负责本单位的专业建设工作。

（2）各部根据学校制定的专业建设规划和年度专业建设计划制定本单位专业建设规划和年度专业建设计划，于每年3月初报学校教务科备案。

（3）专业建设规划的基本内容包括：

① 专业建设指导思想。

② 专业建设目标，包括：长远目标和近期目标，其中近期目标应包含新增（调整）专业申报规划等内容。

③ 专业建设规划：包括师资队伍（师资结构、师资配备、师资培养、科学研究等）、教学条件（实践条件、经费投入、教材建设、

图书资料、现代化教学手段等）、教学状态（教学文件、课程建设、课堂教学、实践教学、教学改革、教学管理等）、教学质量（教风、学风等）建设规划等。

④ 为实现目标而制定切实可行的措施。

⑤ 明确提出需系部和学校提供的条件。

（三）专业建设工作总结

（1）每学年末，各部均应进行本学年专业建设工作总结，并提出下一学年工作目标和重点，报教务科备案。

（2）专业建设工作总结的基本内容包括：

① 专业建设目标实现情况：包括长远目标和近期目标的实现情况。

② 专业建设规划落实情况：规划中任务的完成情况（包括师资队伍、教学条件、教学状态、教学质量等）。

③ 未完成任务的原因及拟采取的措施。

④ 下一学年工作目标和重点。

（四）专业设置

1. 专业设置的基本原则

（1）需求原则。

设置的专业应符合国家现代化建设对人才培养的需要，必须有相对稳定的人才需求量。

（2）效益原则。

设置的专业应有利于提高教育教学质量和办学效益，形成合理的专业结构和布局，促进学校的教育教学改革。

（3）发展原则。

设置的专业应符合科技发展的趋势，适应学校专业发展规划，对所属学科、学科群的发展起到重要的支撑作用。

（4）优先原则。

学校优先考虑设置国家和地方经济建设急需的、需重点发展的专业，或新兴学科、前沿学科、边缘学科、交叉学科的专业，或能体现学校办学特色和水平、发挥学校办学整体优势的专业。

2. 专业设置的条件

（1）专业设置应符合教育部颁布的中等职业学校专业目录及有关要求以及自治区教育厅有关要求。

（2）专业设置必须在加强原有专业建设和改造的基础上进行，凡原有专业建设和改造不力，未达到国家规定标准或中等职业学校教学工作未达标的教学部，原则上不得增设新专业。

（3）严格控制新专业的设置数量，原则上每年新设专业不超过3个。

（4）专业设置须具备下列基本条件：

① 符合学校发展规划，有人才需求预测论证报告，年招生规模一般不少于60人。

② 有拟设置专业的建设规划和专业教学计划及其他必需的教学文件。

③ 能配备完成该专业教学计划所必需的教师队伍及教学辅助人员，师资结构比较合理，一般应以已设相关专业为依托。

④ 具备该专业必需的开办经费和教室、实验室及仪器设备、图书资料、实习场所等办学基本条件。

（五）检查评估

（1）学校定期对专业建设情况进行检查评估。

（2）教学部应及时收集专业建设过程中各方面的反馈信息，并定期对本教学部专业建设情况进行自查，不断促进和加强专业建设工作。

第三节　打造高素质的师资队伍

广西边境县级职业学校的师资队伍数量和质量，远远不能满足现代职业教育的需要，这是不争的事实。边境职业学校的师资队伍可以分为如下几个类型：学校管理师资队伍、班主任师资队伍、专业课师资队伍、文化课师资队伍和教辅师资队伍等。教育的发展，关键是教师。职业教育的发展，关键还是教师。不管是哪个类型的师资队伍，要求具备的基本素质是一样的：崇高的教师职业理想，热爱职业教育事业，高度的社会责任感，爱校如家，爱生如子，全身心投入教育教学工作中。

一、边境县级职业学校校长队伍建设

要提高职业学校的师资队伍素质，首要的是提高学校管理层师资队伍的素质，也就是校长层级人员的素质。“一个好校长就是一所好学校”，这句话用在广西边境县级职业学校上同样有道理。

2010 年 7 月国家教育部颁布《中等职业学校设置标准》第九条规定“中等职业学校实行校长负责制。中等职业学校应当配备有较高思想政治素质和较强管理能力、熟悉职业教育发展规律的学校领导。校长应具有从事三年以上教育教学工作的经历，校长及教学副校长应具有本科以上学历和高级专业技术职务……”根据我们对广西边境 7 所县级职业学校的调查得知，在 7 所边境职业学校中就有 6 所职业学校的校长是从普通学校调任的，经进一步了解得知，这 6 位校长从普通学校调任职业学校后，由于对职业教育的发展规律不熟悉，工作磕磕碰碰，工作的成效不是很理想，甚至我们听到有老师反映了这样一件事：有一位班主任向校长反映：“现在的学生到课率越来越低了，缺课越来越多，按这样的发展趋势，该专业的学生可能就没有人来上课了。”这位校长听后竟然这样回答：“他们（指学生）走就走吧，希望学校倒闭了更好！”这个事情提醒我们，能胜任普通学校校长的人，并不一定能担当得起职业学校校长的重任，毕竟职业教育比普通教育复杂得多。

（1）职业教育管理除了涵盖普通学校所有的业务范围外，还要与经济市场紧密联系，与政府各职能部门、行业、企业等沟通合作。没有经过一定时期的职业教育历练的人，是难以胜任职业学校校长这个角色的，所以我们建议把《中等职业学校设置标准》第九条规定修改为“中等职业学校实行校长负责制。中等职业学校应当配备有较高思想政治素质和较强管理能力、熟悉职业教育发展规律并热爱职业教育的学校领导。校长应具有从事三年以上职业教育教学工作的经历，校长及教学副校长应具有本科以上学历和中等职业学校系列高级专业技术职务，其他校级领导应具有本科以上学历和中等职业学校系列中级以上专业技术职务。”这要求我们在职业学校管理层的任职上要有严格的明确的资格限定，确保职业学校管理层的基本素质。

（2）要制定学校管理层的成长机制，一般都要经由教师、班主任、骨干教师、专业或处室负责人、分管校级领导、校长的成长历程，让学校管理层全方位接受职业教育学校的各种岗位的锻炼，熟悉并热爱职业教育，增强管理能力。

（3）职业教育的管理层要具备开拓创新的精神，因为职业教育是服务经济社会发展的，而经济社会是不断发展变化的，职业教育的办学方向、专业建设、课程设置、办学模式、人才培养模式等都要与时俱进，如果学校的管理层没有开拓进取的精神，对区域经济社会的发展把脉不准，职业学校的发展就会停滞不前；严重的，学校将会被社会淘汰。

（4）职业教育的管理层在学校管理上要公平、公正、廉洁、透明，特别是在学校的人事、财务、评先评优、职称晋升等方面，更要如此。只有这样才能产生巨大的凝聚力，形成学校工作的组织核心。

（5）职业学校的管理层要力争成为教育家、企业家和外交家，现代职业教育体系中的产教融合、校企合作成为职业教育办学的主要模式，“校中厂”“厂中校”成为职业教育的必然选择，职业学校的校长需要与各级政府、各行各业、社会各团体、家长和师生进行沟通交流，这就要求我们职业学校的校长既要做好教育教学管理工作，又要学会企业管理，同时还要善于与各色人物打交道。

（6）职业学校的校长要善于营造一个民主的、自由的学术空间，让教师在业务上、学术上能自主地发展。

二、边境县级职业学校专业教师队伍建设

职业学校的教学质量取决于学校的专业教师。从广西边境县级职

业学校的发展历程中，我们发现，专业教师一直是边境职业学校发展中的瓶颈。专业教师严重缺乏，专业教师业务水平低，专业教师实践技能缺乏，专业教师稳定性很差，专业教师待遇不高，等等，是边境县级职业学校的普遍现象。

要发展好边境职业教育，必须解决好边境职业学校的专业教师问题。

（1）职业学校在认真分析调查研究本区域经济社会发展情况基础上，制定出本校在专业建设上，所需要的专业教师数量及专业教师的德能要求，及时呈报有关部门。

（2）政府主管部门，要根据职业学校教育教学工作的实际需要，增加相应的人事编制，不折不扣地按照职业学校申报招聘的专业教师要求，落实教师的招聘工作。

（3）提高边境地区职业学校专业教师的薪酬待遇，边境工作生活条件比较艰苦，是难以吸引人才、留住人才的主要原因之一，如能在专业教师的工资薪酬方面提高 20%～30%，对缓解边境职业学校专业教师严重缺乏的状况应该有所帮助。

（4）边境职业学校要为专业教师的专业成长提供广阔的空间，在培训学习、职务职称晋升上给予一定的支持和帮助。

（5）除了以政策优惠的方式从大中专院校招聘专业教师外，还可以通过非实名制的方式，以高级职称的待遇从社会聘请专业教师，这一方式更加有利于满足边境职业学校对专业教师的需要。

如凭祥市东南亚外语学校的商务越南语专业教师，从 1990 年设置越南语专业开始，至 2007 年近 18 年间，除了学校自己培养 4 个由文化课转岗为越南语专业教师外，专业教师几乎都是从社会聘请，聘请的越南语专业教师支撑了该校的品牌专业的建设与发展。没有这些聘请的专业教师的支撑，该校的商务越南语专业不可能发展得这么好，同时学校自身也为聘请到这些专业教师承担着沉重的经济负担，因为政府财政不负责聘请教师的工资待遇，2008 年后陆续从高校招聘了越南语专业教师，但招聘来的越南语专业教师很少能在该校服务超过 3 年的，一般都在 2~3 年内考入其他国家机关单位，学校刚刚培养起来的熟悉学校专业教学的专业人才，因为学校没有办法解决他们的待遇与发展问题，就这样又流失了。

实施非实名制教师聘任制，不仅解除了聘任教师的后顾之忧，还能够稳定职业学校的专业师资队伍，同时还可以减轻职业学校的经济负担。

（6）把本校的文化课教师转岗培养为专业课教师。在广西边境职业学校中，有超过六成的专业课教师是从文化课教师中转岗而来的，转岗专业教师的最大不足就是专业知识不系统不扎实、专业技能水平低，已经不适应现代职业教育的需要。如广西边境职业学校中有一所学校的 6 位计算机专业教师都是从文化课教师转岗培养而来，该校的计算机专业从开设到现在已经 30 多年，到 2013 年为止，还没有招聘到一位毕业于高校的计算机专业教师，该专业的教学质量多年徘徊不前，教育教学工作难以取得突破性进展，培养的人才质量不高，毕业生缺乏就业竞争力，专业发展前途迷茫。

很显然，没有优秀的专业教师队伍，边境职业学校的发展是不会有生机的。

三、边境县级职业学校文化课教师建设

职业学校的文化课教师一定要树立为专业服务的教学思想，边境职业学校的文化课教师也不能例外，文化课是开展专业课教学的基础。

首先，文化课教师应当对所任教的专业有比较深入的了解，了解该专业学生的就业岗位群，了解该专业的学生应该掌握哪些核心知识与技能，应该具备哪些社会能力和方法能力，这样才能依托专业开展文化课教学，要善于把专业知识、技能整合到所担任的文化课的教学中，比如担任计算机应用专业英语文化课教学的老师，应当知道在计算机日常维护工作中计算机经常出现的英语词汇、英文句子，在英语教学时结合计算机专业的知识与技能进行教学，这样，英语文化课教学才能找到在计算机应用专业中的立足点。

其次，职业学校的文化课教师要具备很强的学习能力才能胜任本职工作，据对广西边境县级职业学校的文化课调查，有超过90%的文化课教师曾经担任3门以上的课程教学，有的既是文化课教师又是专业课教师，同时担任两门课程教学的文化课教师超过50%，有的还要兼任一个班的班主任，工作任务繁重、工作内容混杂是边境职业学校文化课教师的工作特点之一。这既是边境职业学校教师队伍数量不足的结果，也是教师队伍结构性缺乏造成的结果。

边境职业学校的文化课教师没有强大的学习能力，教学工作是开展不了的。

第四节　加大职业教育投入，促进均衡发展

据教育部官方网站数据显示，2005—2013年，职业教育国家财政性经费达1.23万亿元，年均增长25%，且呈持续增加趋势。广西边境的职业教育通过三年的职教攻坚，取得了长足的发展，新增职业学校校园和校舍面积分别比实施攻坚计划前大幅度增长；职业教育投入增长较快，职教基础设施和办学条件明显改善；职业教育的教学和教师队伍建设取得新进展，职业教育学校的中高级职称教师人数增长较快。但由于边境职业教育基础薄弱、历史欠账多，边境地区的职教教育事业还存在着学校校舍、场馆等设施建设落后，专业建设缺乏活力，教师总量与结构不协调，教师总体水平较低，教育教学质量不过硬，社会认可度低，学生进出口不畅等不足的地方。

国家在职业教育的财政性投入中，真正惠及广西边境县级职业学校的并不多，如国家教育部在《中等职业教育改革创新行动计划（2010—2012年）》中提出：重点支持建设1 000所国家改革发展示范学校，1 000所国家优质特色学校，2 000所中等职业学校达到现行省级重点学校建设标准；重点支持建设1 000个设备对接企业生产、技术对接职业岗位、装备先进一流、人员配套齐全、管理水平较高，

具备教学、培训、鉴定和生产等多种功能，支撑学生实践能力培养和国家重点产业升级的中等职业教育实训基地。像这样的国家级扶持的职业教育项目，广西边境县级职业学校要想获得是微乎其微的，事实上广西边境县级职业学校也没有获得这些国家级项目；又如2005年12月出台的《广西壮族自治区振兴职业教育九大工程规划》中提出“百所示范性职业院校建设工程、百个职业教育实训基地建设工程、百县（区）职教中心专项建设工程、万名职业院校教师素质提高工程、职业教育教学改革工程”，惠及广西边境县级职业学校的极少。另外，广西边境县市财政比较困难，边境7个县市都属于国家级或自治区级贫困县，没有能力以县级财政来大量投资职业教育。多年来，在广西边境职业学校的建设上，国家和自治区的财政投入照顾不到，因为国家要搞国家级重点、国家级示范职业学校建设，自治区要搞自治区重点、示范职业学校建设，还没有考虑到边境职业学校的建设。更有不公平的是，于2014年秋季学期实施的广西的《关于全面实施中等职业教育免学费政策的通知》，还把中职业学校的学生学费资助分为三六九等，边境职业学校的学费资助属于最低等级，比区直职业学校少三分之一。

现在大力提倡社会主义核心价值观，其中“平等”是主要内容之一。教育公平在中国的呼声很高，群众热切盼望公平教育。在义务教育阶段已经实现了均衡发展，把重点学校、重点班级也都取消了。在大力发展职业教育、加快构建现代职业教育系统的今天，在市场经济条件下，在城乡二元结构的户籍制度已经取消的情况下，我们的职业教育管理者们，却还是在设计“搞重点、搞示范”职业教育思路，还在用计划经济的思维模式来思考职业教育，还要在职业教育领域制造新的不公平、不均衡。我们职业教育工作者很有必要认真学习习总书记在2014年全国职业教育工作会议上的讲话精神，习总书记指出“要树立正确人才观，培育和践行社会主义核心价值观……营造人人皆可成才、人人尽展其才的良好环境……要加大对农村地区、民族地区、贫困地区职业教育支持力度，努力让每个人都有人生出彩的机会。”

职业教育是惠民工程，是民生工程。国家、地方政府在职业教育的投入建设上应该均衡化发展，尽量避免“重点”“示范”项目学校等建设，人为制造新的教育不公平。

第五节 创新办学模式，提高学校活力

走政企校合作办学之路已经成为职业教育界的共识。广西边境职业学校的办学主体全部是县级人民政府，目前还没有发现民办或官民联办的学校，办学所需的人、财、物也只能依靠政府下拨，多年来政府对边境职业学校的投入不是很理想，以政府为单一办学主体的机制，不能很好调动边境职业学校的积极性，最终导致边境职业学校的发展活力不强。要办出有活力的边境职业学校，可以从如下几方面着手：

一、加强校校合作

在调查中，我们发现边境职业学校的办学理念落后，专业设置不科学，管理水平不高，教学设施、教学设备、专业教师等严重短缺，这是制约边境职业学校发展的一个重要因素之一。加强校校合作是解决这一问题的主要措施之一。边境职业学校选择的合作学校应该是在经济社会比较发达的地区，且该地区与边境地区应有相类似的主导产业，合作的学校之间有可以衔接的专业，边境职业学校通过合作学校可以借助发达地区的成熟的职业教育环境，提升边境地区的职业教育水平，带动边境地区的职业教育发展，促进边境地区的经济发展，最终形成边境地区的职业教育的良性环境。比如，靖西、宁明职业学校与广东的职业学校合作，龙州、凭祥职业学校与区直职业学校合作都曾经获得成功。另外，边境职业学校与高职院校加强合作，得到高职院校对边境职业学校专业建设、教学管理等方面的业务指导，为学生的升学深造提供平台。如 2009 年，凭祥职业学校就已经与广西民族大学进行对口衔接合作，凭祥职业学

校的教育教学工作得到极大提高，至今凭祥职业学校有近20名学生，在获得中专文凭的同时，获得了广西民族大学的专科文凭，学生就业升学两不误。

二、加强校企合作

在广西边境地区，经济落后，经济总量小，企业数量不多，企业规模不大，二、三次产业所占比重比较小。现代职业教育提倡大力加强校企合作，但对于处在边境地区的职业学校来说，要想找到有规模的企业合作还真不容易，因为在边境县的企业大多都小企业，员工大多是几个到十几个，每年招收的新员工也就1~3人，职业学校培养一个班的学生就可以把县域的一个行业的企业人才需求给解决了，接下来，就算职业学校能招到学生，但就业市场狭小，何况还有高职院校毕业生的竞争，在县域里寻找合作企业，前景似乎并不看好。比如，在广西边境县级职业学校里普遍开设的计算机应用、旅游服务与管理、酒店服务与管理、电子电器维修等专业，大家都看到了在本县的区域经济发展中，这些专业的毕业生应该有就业市场，但很多学校却忽视了这样一个事实，县域中能提供这些专业岗位的数量并不多，每个广西边境职业学校都是满怀信心开设这些专业，大张旗鼓地投入招生工作中，结果能招来几个学生呢？据调查，基本没有招到学生。究其原因就是因为县域里企业的数量少、规模小，能容纳的人才数量有限。县域经济的发展制约着县域职业教育的发展。要解决好县域里的校企合作，首要的是由区政府统筹各边境职业学校的专业设置，把广西边境地区作为一个区域经济统一体来考虑，把广西边境职业学校作为一个整体来谋划。比如前面提到的计算机应用、旅游服务与管理、酒店服务与管理、电子电器维修、汽车运用与维修、商务外语（东盟小语种）等几个专业，要求每所边境职业学校不能开设相同的专业，开设的专业要相互错开，在开展校企合作的时候，以专业为单位，每一个专业都与边境地区内的同一行业企业合作，这样就避免了区域内同一专业的恶性竞争，同时又可以促进校企合作走向规模化，有利于校企合作走向深入合作，有利于边境职业教育规模化发展，只有这样边境职业教育才会摆脱生存危机从而谋求更长远的发展。另外，边境职业学校也可以与边境地区外的发达地区的企业开展校企合作，这样可以在短时期内解决边境职业学校的发展问题，但从长远看，并不能根本解决边境职业教育的发展问题，这可以从前几年边境职业学校发展过程中得到验证，20 世纪 90 年代中期，宁明、那坡、龙州等职业学校与“长三角”“珠三角”等经济发达地区的企业合作可以说是红红火火，学生“进口”与“出口”两旺，但现在这几个职业学校都受到生存与发展的严重困扰，最根本的原因就是职业教育脱离了本地区域经济这个发展的根基。

三、加强跨国合作

广西边境县级职业学校地处中越边境，面向东南亚，广西 7 个边境县市与越南广宁、谅山、高平 3 个边境省接壤。双边沿陆地边境有 5 对国家一类口岸，它们是东兴—芒街、凭祥—同登、友谊关—友谊关、水口—驮隆、弄邦—茶岭，此外，还有 7 个国家二类口岸、25 对边民贸易互市点以及 200 多个非口岸主要通道。沿海有 4 个边贸码头。中国-东盟自由贸易区的建成，促使中越双方加大口岸通关能力的建设，凭祥、东兴先行先试试验区获得国务院审批，广西边境地区在中国-东盟的经济贸易、文化教育等领域的合作与交流日趋旺盛，作为处于中国-东盟自由贸易区的广西边境职业学校，应该充分发挥地缘优势，发展与东盟的职业教育合作。

（1）加强与东盟高职院校的合作。利用东盟国家大学的优质教育资源，为我们边境地区培养优秀的国际贸易人才。我们知道，广西边境职业学校的师资、教育教学设施比较落后，借助与东盟高校的合作，就能很好地解决这个问题。这方面工作，凭祥职业学校走在了前头。从 2000 年开始，该校就先后与越南、泰国、柬埔寨等东盟国家 10 多所高校合作办学，向越南合作学校输送 3 000 多名中国学生，向泰国合作学校输送了近 40 名学生；2007 年该校开始招收越南留学生，至今接收了 300 多名越南留学生。凭祥职业学校把职业教育办出了国门，走出了一条跨国办学的新路子。

（2）加强与东盟国家的华资企业合作。受中国传统文化的影响，驻东盟各国的华资企业在选用企业管理人员时，大多优先选用华人，企业要求管理人员既要懂得中文又要懂得驻地国的语言，还要熟悉中国与驻地国的经贸、法规、礼仪等知识。处在中国—东盟桥头堡的广西边境职业学校，培养这样的人才应该是有区位优势的，所以加强与东盟各国的华资企业合作，边境职业学校的毕业生就有了出路。在这方面，凭祥职业学校做得十分出色，该校先后与东盟各国近 10 家华资企业建立了校企合作关系。20 年来，这些合作企业接收了 1 500 多名凭祥职业学校的毕业生，“中职生跨国就业”是凭祥职业学校开了先河。

（3）加强国际劳务合作。近年来，中国企业的用工荒比较普遍，广西边境地区也不例外。广西边境地区在农业、建筑业、服务业、红木文化产业等行业需要大量的员工，而广西边境地区人口数量较少，加上好多本地区的人员不愿意从事艰苦的岗位工作，导致边境地区在农业、建筑业、服务业、红木文化业等行业缺工严重，而这些工作岗位的工资待遇对越南员工来说，还是有比较大的吸引力的。据报道，越南的人口构成中，青年人占劳动力的比重较大，在越南国内同一岗位的工资低于中国的 1/2 以上。这是一块很大的职业培训市场。职业学校有学历教育与职业培训双重职责，我们边境职业学校应充分发挥优势，联合国内与东盟国家的有关部门，大力开展国际劳务培训工作，正确引导周边国家的员工到广西边境地区从事相应的工作，为富民兴边、友好睦邻做出应有的贡献。

四、立足边境区域经济一体化

边境职业学校的教育教学工作要从边境区域经济一体化的高度来思考，要以发展服务区域经济为宗旨。创新教育教学模式是提高教育质量的基础。广西边境职业学校应该清楚地认识到，边境职业学校是处于中国—东盟的节点城市上的背靠我国大西南、面向东盟的桥头堡。

边境职业学校的发展就应该定位在服务中国—东盟这个广阔的区

域内，深入透彻理解中国—东盟的发展政策，积极探索区域内职业教育的热点、兴奋点，紧密联系区域经济发展，创设区域特色新专业，为区域特色经济的发展提供强大的人才支撑。比如，2014 年凭祥职业学校依托凭祥的主导产业之一的红木文化产业，在深入市场调研后了解到，该产业的原材料、半成品是从东盟各国进口，产品加工与营销是在凭祥，产品主要销往中国内地。目前红木产业加工与营销人才需求量大、缺口也大，凭祥职业学校在政府的大力支持下，在凭祥红木行业的精心指导下，与红木企业紧密合作，创办了凭祥市红木文化学校，这是边境职业教育政校企合作的一个典范，也是边境职业学校建立在边境市场经济发展需求的基础上，建立特色新专业，为边境区域经济发展培养人才的典范。

第六节　创新教育教学模式，提高教育教学质量

一、转变教育教学思想观念

边境职业学校教育教学模式要转变，教育教学质量要提高，首要的是转变教育教学思想观念。有什么样的思想就会有什么样的行动。边境职业学校教师普遍缺乏现代职业教育思想观念是不争的现实。那么，我们应该怎么做才能算是具有现代职业教育思想？

（一）要有正确的人才观

正确的人才观就是要树立人人都能成才的思想观念，在职业教育教学中要扬长避短，切忌取长补短。进入职业学校学习的学生，大多数不擅长数、理、化、英语等理论性较强的科目，我们职业教育工作者不能以此认定这些学生就是不可造就的人才。我们当下很多职业学校的做法是：学生考试不及格，收取学生一点补考费，然后组织一个走形式的补考，也许任课教师连学生的补考试卷都不评阅，就给学生通过了。其实学生还是不了解、不知道所学的知识，也没有掌握相应的技能，学校的这种做法，只是给学生留下职业学校弄虚作假的不良

印象，对提高学校的教育教学质量没有任何帮助。在职业教育比较发达的地区，有的职业学校用学分替代法，解决学生在数、理、化、英语等科目考试中不及格的问题。如数学考试不及格，学生可以通过选修书法、绘画、唱歌、跳舞、篮球、足球、羽毛球、计算机等任一科目获取相应学分，用来代替数学的学分，学生在取得学分的同时也增长了自己的特长，学到了一技之长。学生能够通过自己的努力，十分体面地取得毕业证书。此举可谓一举多得，十分值得我们边境职业学校借鉴。

（二）树立正确的专业观

关于专业观可以从两方面来看，一方面是职业学校的专业要与本区域的支柱或主导产业对接，只有这样才能使边境职业学校的专业教学具有生存与发展的空间。另一方面，不管是文化课还是专业教学，都应该围绕专业岗位需求来开展教学，我们知道，边境职业学校大多是从普通中学转型而来的，教师也大多是从普通教育学校转入，对职业学校的“专业”教学还不是很适应。边境职业学校的教师应该树立这样的意识：专业岗位需要什么知识和技能，我们就应该教授什么知识与技能，为经济社会培养针对性强的专业人才。

（三）要有科学的教材观

职业学校的教材内容与职业岗位需求要对接，职业岗位随着经济社会的发展而变化，职业教育的教学内容往往落后于职业岗位能力需求，这就要求职业教育的教师要具备教材开发的能力，把新技术、新知识、新技能融入教材内容中，最好能形成有本土特色的校本教材，千万不能把陈旧的落后的教材教学内容传授给学生，更不能照本宣科。凭祥职业学校对此做了一些有益的尝试，如在商务越南语专业中开发了校本教材《越南语听力实训教程》，在公共课《计算机应用基础》教学内容中，添加了越南文字录入与编辑等内容，使教材内容更科学、更前沿、更实用、更加贴近专业发展。

（四）要有正确的课堂观

现代职业教育课堂要体现教师的主导性，更要体现学生的主体性，要切切实实地把课堂交给学生，加强实践性教学，让学生在做中学，学中做，坚决摒弃学科完整性的理论教学，积极开创与职业岗位相对应的实操训练，聘请社会上的技术能人、管理能人来校授课，积极开拓“前校后厂”“前店后校”等校企联合培养人才的课堂教学模式，实现培养人才与社会需求的无缝对接。

（五）要有科学的评价观

教学质量的评价应该由学校、社会、企业、学生、教师等多阶层的人员来评价；学生的学习情况应该采取过程性与多维性评价机制，学生的成绩不能以一考来评定，应从学生的到课率、课堂的参与程度、课堂的学习质量、学习中的协作能力等方面进行评价，评价可以从自评、同学互评、组间互评、教师评价等维度进行综合评价，对学生学业的评价应尽可能接近学生的真实学习情况，促进学生学业水平的不断提高。

（六）要有发展观

职业学校培养的学生毕业后，在社会上就业了，我们职业学校不能就此不闻不问了，职业学校教育教学质量的进一步提高，还得依赖这些就业了的学生，职业学校应该加强与毕业学生的交流与沟通，从就业学生的身上收集人才市场信息、行业企业发展动态、企业岗位能力变化、企业文化等信息，为职业学校的发展定位、推进专业建设、完善人才培养模式、促进教学改革等提供基础支持，助推职业学校走上科学的良性的发展道路。

二、提高边境职业学校教育教学质量的途径

（一）实施现代学徒制、工学结合的校企合作教育教学模式

从广西边境职业学校的发展历程中，我们知道，边境地区县级经济总量小，二、三次产业欠发达，企业数量少、规模小，能提供就业的岗位不多。举个例子，据本人对凭祥市的计算机行业企业的调查看，全市从事电脑行业的企业大约 15 家，企业员工数量超过 10 人的仅三家，多数电脑企业的员工数是 2~3 人，不少企业的员工既是老板又是员工，以家庭式经营为主，每年全市电脑企业拟招聘新员工大约

10人左右，但不是每年都有招聘。广告装饰行业招聘的计算机方面的人才大多是平面设计师，每年大约也是10人左右，但这个岗位能力要求比较高，边境县级职业学校能培养合格的人才还不多。一个县级人才市场在计算机行业一年能容纳的人才约20人，在这20人当中，企业对专业方向的要求是不一样的，有的需要计算机网络方向的，有的需要计算机硬件维护方向的，有的需要办公设备维护的，有的需要平面设计的，有的需要网站建设的，等等，一个专业方向也就需要1~2个人，这样的人才市场需求，对我们边境职业学校的专业教育教学是严峻的挑战。要解决人才培养与就业市场这对矛盾，边境职业学校应该与有人才需求的企业签订合作协议，实施工学结合，采取现代学徒制的教育教学模式，把学生的专业教学迁移到企业的店面进行，企业需求多少人才，学校就安排多少名学生进入该企业，由企业的技术师傅面对面、一对一、手把手地给学生传授技艺，让学生边工作边学习，同时职业学校教师要积极主动地与企业员工沟通交流，共同制订人才培养计划，把岗位能力要求转化为模块化课程，职业学校教师与企业员工共同实施模块化教学，培养学生的专业能力、社会能力和方法能力。在校企合作中，要明确企业和学校的职责、权利，充分调动学校、企业的积极性，打造多赢格局。对于边境职业学校开设的专业，如计算机应用、电器维修、酒店服务、旅游管理等专业，由于受生源少、市场需求少的影响，这些专业难以实现规模化，但市场有需求，以现代学徒制、工学结合的模式开展教育教学应该是最具潜力的。

（二）实施国际合作教育教学模式

广西边境职业学校服务的经济区域是中国-东盟自由贸易区，对既具备多国语言能力、熟悉多国经贸文化、熟知多国礼仪又掌握一门专业技能的人才需求量很大，广西边境职业学校对培养国际化人才有地缘优势，俗话说“近水楼台先得月”，广西边境职业学校与相邻的东盟各国开展国际合作教育具有得天独厚的自然条件，边境职业学校可以充分利用中国-东盟自由贸易区里优质的国际教育资源，弥补边境职业学校在教学设施、设备和师资上的不足，大力发展国际合作的边境职业教育，培养国际化人才，同时还可以拓宽边境职业学校毕业生的就业渠道与空间。如广西边境职业学校普遍开设的酒店服务与管理、旅游服务与管理、物流服务与管理、国际商务、商务外语等专业，都能通过与周边各国的企业、学校进行教育教学合作，从而提高人才培养的质量。

凭祥职业学校在国际合作教育教学上给我们做出了表率，该校在实施国际教育教学合作之前也是默默无闻的边境职业学校，学校的招生就业也是困难重重，教育教学质量也是徘徊不前，学校的生存与发展面临严峻的挑战。自 2000 年开拓国际合作教育市场以来，在校生由 1999 年不足 200 人，到 2005 年超过了 1 100 人，学生来自全国二十多个省市，学校引进外籍教师 10 多人，与越南、泰国、柬埔寨等国家的 10 多所高校合作办学，至今向国外高校输送长短期留学生 3 000 多人，接收 300 多名越南留学生，与国外近 10 家企业签订学生就业协议，至今向国外企业输送 2 000 多名毕业生。

开展国际化教育教学合作，提高了职业学校的教育教学质量，打开了国际就业市场，成就了学生跨国高薪就业，打响了边境职业教育的品牌。

我们实施国际化教育教学模式有如下特点：一是在师资上，上同一门课程的教师有国内学校的教师，也有国外学校的教师，有国内企业的师傅，也有国外企业的师傅，如商务越南语专业的《越南语基础教程》就由中国籍的越南语专业教师和越南籍的汉语言专业的教师共同教授；二是在教学内容上，把国内的教学内容和国外的教学内容整合在一起，如在商务越南语专业的“语文”课程教学中，把越南语应用文写作的内容整合到“语文”教学课堂中来；三是采取“双语”“双师”教学，如在越籍汉语专业的教学中，“中国概况”“书法”等课程教学中，由熟悉中越两国语言的教师担任，这样的教师能比较准确阐述课程内容，让学生更容易接受，这对教师的业务能力有较高的要求；四是中越学生互相学习、共同提高，如商务越南语专业班的早读课由越南籍的学生来领读，越南籍汉语专业班的早读课由中国籍的学生去领读，通过相互领读，中越学生的语言水平得到显著提高；五是以活动为载体，教师通过设置活动，把教学内容融合到活动当中，让学生在活动中不知不觉地学习知识与技能，如利用每天下午第七节课举办中越学生语言文化交流活动，每天设定一个主题，由中越学生就这一主题进行交流，把主题中涉及的词汇、语句、职业操守、行业规范等进行全方位的交流，学生在轻松愉快的氛围中，社会能力、专业能力、方法能力等均得到锻炼和提高。

（三）实施国内校校教育教学合作

国内校校合作在广西边境职业学校是普遍现象，据调查得知，合作学校最少的有1所，合作学校最多的有6所。合作的类型有中职业学校间的合作，大多是与区内的中职名校合作，也有中职与高校间的合作。广西边境职业学校间的合作较少，仅龙州职业学校与凭祥职业学校有过短暂的合作。通过校校合作，广西边境职业学校的办学质量都得到一定程度的提高。如靖西职业学校与广西交通运输学校合作，该校的汽车运用与维修专业规模扩大了，教学质量得到了保证；龙州职业学校与广西理工职业学校合作，实行“1+1+1”合作教育教学模式，成为龙州职业学校办学的一个亮点；大新职业学校与桂林理工大学对口专业衔接升学合作，为边境职业学校的学生升学深造搭建平台，是该校的一个办学特色；而与凭祥职业学校合作的学校，多数是借助凭祥职业学校国际合作教育教学的办学平台，在学生出国前由凭祥职业学校对学生进行强化训练，使学生的语言能力达到前往国的最低水平，然后向东盟输送学生，如南宁第二师范学校、广西药科学校、广西民族中专、广西广播电视大学、龙州职业学校等院校，曾经与凭祥职业学校合作向越南输送200多名留学生，并由凭祥职业学校协助推荐就业。校校合作中只要遵循优势互补原则，合作学校之间的教育教学质量就会得到不同程度的提升，对提高广西边境职业学校教育教学质量的效果特别显著。

（四）积极引入先进的教育教学模式

广西边境职业学校的教育教学模式陈旧、教学理念落后、教学方法传统陈腐等，是客观事实。要提高边境职业学校的教育教学质量，必须以“外引”“内培”的方式，邀请或引进职业教育专家名师来校讲学、任职，把本校教师选送到“区培”“国培”“出国培”等职业教育专业培训班学习，把职业教育的先进教育教学理念、模式、方法等渗入广西边境职业学校教育教学里，如德国的职业教育教学法、新加坡的“教学工厂”教学法等，大刀阔斧地进行教育教学改革，力求边境职业学校的领导、教师、学生，人人参与，人人过关，深入地进行教育教学改革，吐故纳新，学先进、赶先进、树品牌、立质量。

1. 德国职业教育教学法的实践

“双元制”意指学生既在企业里接受职业技能和相应知识的培训，又在职业学校里接受职业专业理论和普通文化知识教育。企业向职业学校输送生源，学校是企业的服务者。

教学理念：以行动导向来教学，培养学生知识技能与关键能力（沟通、团队合作、自主学习、创新、职业道德、敬业精神等）以及综合能力，不断改变教学方法，提高教学水平。

以学生为中心，行动导向教学中的“行动”，不是指教师“教”的活动，而是指在教师引导下为达到学习目标由学生自主组织和控制的有意识的“学习性工作活动”和“职业性学习活动”。教学活动，更重要的在于“学”，而不在于“教”，教师更应多思考如何使学生通过独立或合作完成工作任务来推动学生更加主动地学习，达到教学目的。德国职业教育目标是培养能够独立的、负责任的（在团队条件下）有效完成工作任务的学生。教师应该通过行为导向的教学模式训练学生，以达到独立负责的要求。“重要的能力，只能通过训练而来，而非教出来”。教师应学会对学生学习行为进行观察，改变学生的学习行为，变被动学习为主动学习。

职业学校学生的学习主动性不够，因此如何调动学生的学习积极性就非常重要。除了在课程教学设计上，以行为导向模式吸引学生参与，增加学生兴趣之外，良好的师生关系，也是学生有效学习的起点。学生对教师信任、尊敬且关系融洽，可以使学习（工作）更加顺利。所以，教师在教学工作中，要注重建立良好的师生关系。如在学生完成教师布置的学习任务后，无论学生的成果如何，教师都要从不同的角度给予肯定，同时指出不足和需要改进的方面，这样学生很容易接受，在轻松愉悦的心情下完成学习。这样既提高了学生学习的积极性和主动性，又达到了我们教学的目的。

德国职业教育教学法主要有：项目教学法、案例教学法、角色扮演法、引导文教学法、情境教学法、实验法等。我们在教学实践中用得比较多的方法是案例教学法、角色扮演法、情境教学法，因为这三个方法容易被教师掌握，操作性也比较强，并且在我们以前的教学中也有类似的教学方法，课堂教学效果也比较显著。而项目教学法、引导文教学法、实验法还没有很好地运用起来，主要是这些教学方法比较复杂，处在广西边境职业学校的教师还没有能力应用，需要更深入的学习，另外，边境地区的教学硬件设施也不能满足这些教学方法实施的条件。

总的来说，德国职业教育教学法为边境地区的职业教育注入了新的教学理念，改变了边境职业学校以教师为中心的教学模式，能激发边境职业学校学生的学习积极性，培养了边境职业学校学生的职业能力。

2. 新加坡“教学工厂”职业教学法的实践

新加坡的“前校后厂，前店后校”的教学模式，广西边境地区职业学校在教学中都有尝试过，如凭祥市东南外语学校的红木加工与营销专业，就是依靠学校附近的红木城开展教学的，除了少量的文化道德理论课在学校授课外，所有的专业课都由红木城的工作人员来组织教学，学生既是学徒又是员工，让学生在“做中学、学中做”；又如东兴市职业技术学校的供用电技术专业、靖西县职业技术学校的计算机应用专业、大新县职业技术学校的旅游服务与管理专业等都能与当地的相关企业进行深度合作，大力推行新加坡的职业教育教学模式，学生的职业能力、社会能力、专业能力得到了质的提升。

3. 先进职业教育教学法的本土化思考

不管是德国的职业教育教学法还是新加坡的职业教育教学法，抑或是其他先进的职业教育教学法，在广西边境县级职业学校运用的时候，必须要结合当地的实际，不能生搬硬套。我国的现代职业教育体系正在构建，而地处广西边境职业学校的职业教育设施十分落后，职业教育的教师的教学理念还没有真正地扭转过来，学生要接受先进教学方法还需要有一个过程，要完全按照德国或新加坡的职业教学方法来开展教学，那是非常不现实的，比如德国的项目教学法、引导文教学法、"前校后厂"的教学法等，在边境职业学校全面推广还是有相当大的难度的。为了取得教学效果的最大化，应该把先进的职业教育教学法与我国当地的职业教育实际整合起来，摸索出具有本土特色的职业教育教学法，方能真正提高边境职业学校的教育教学质量。

（五）加大对教育教学的投入

加大对教育教学的投入是边境职业学校教育教学质量提高的保证。中职学校的教育教学质量不高，是众所周知的，广西边境县级职业学校的教育教学质量更差。边境职业学校的教育教学质量不高，原因是多方面的，其中学校对教育教学的经费投入不足是主要原因之一。职业学校对教育教学的经费投入有两种情况：一种情况是学校的办学经费缺乏，没有办法对教育教学投入；另外一种情况是学校有经费，但不愿意或没有意识对教育教学投入。广西边境县级职业学校大多属于第一种情况。教育教学经费不足，教育教学改革就开展不了，教育教学质量就上不去，学生的就业就会受到影响，学校的招生工作就会遭遇困难，学校的生存就会成为问题。广西边境县级职业学校的主管部门或职业学校本身仅仅看到招生的困难，为了完成招生任务指标，不惜投入重金，使出浑身解数，动员学校全员参与，构筑立体式的招生宣传网络，设立多种多样的奖励措施，轰轰烈烈地开展招生工作，甚至在招生人数上弄虚作假，却忽视了职业教育教学"以人为本"的核心思想和培养掌握"一技之长"的人才理念，教育教学质量意识淡薄，舍本逐末，这样的职业学校被社会否认、被社会抛弃乃意料之中。广西边境县级职业学校要生存要发展，必须改变经费投入上的畸形分配思想，抓住教育教学质量这一发展的根基，只有这样，广西边境县级职业学校才能走出一条发展壮大的路子来。

三、强化教学制度管理

教育教学质量的提高要以严格的制度作为保障。在这方面广西边境县级职业学校做了有益的探索。通过实施如下的教学管理制度，教学质量得到了稳步提高。广西边境县级职业学校地处生活艰苦、经济滞后、教育文化水平落后的地区，职业学校的教师流动性大，人才匮乏，多年来，都没有形成一套行之有效的教学管理制度，一直到2008年广西区实施“职教攻坚”工程后，各个学校才逐渐建立起教学管理制度的框架，力求通过制度化管理，逐步地规范边境职业学校教师的教学行为，提高边境职业学校教师的教育教学能力，不断提高边境职业学校的教育教学质量。对实施教学管理制度前后作一个对比就能发现，教学管理制度的实施确确实实改变了边境教师的教学行为，由以前的无序变为了秩序井然，教学质量也是一年一个台阶地提高。

为方便职教同行更好地了解边境职业学校的教学管理情况，下面把边境职业学校的教学管理制度摘录如下：

（一）教学大纲的编写

教学大纲是教学计划的具体表现形式。它是按照教学计划的要求，规定课程具体内容的指导性的文件，是教学工作的主要依据。因此，为实现培养目标，保证课堂教学质量，搞好课程建设，促进教学改革，应制订教学大纲编写的管理规定。

（1）各职业学校所有开设课程都必须在授课前编制出适合当地经济与行业的教学大纲，其中全校统一开设的课程必须有统一的教学大纲。

（2）教学大纲的格式与内容要求。教学大纲分“说明”和“正文”两部分。

①“说明”部分要写明：

A. 课程名称。

B. 适用专业。

C. 课程性质。性质分为公共基础课、专业基础课、专业课。

D. 计划学时。

② 正文部分：

A. 课程任务。

B. 教学目的。教学目的是通过本专业学科教学，使学生在知识、能力、品行方面应达到的要求。

C. 教学要求。教学要求是根据教学目的、边境县级职业学校学生特点以及学习规律在教材选编、教学方法等方面的要求。

D. 教学内容。按章、节顺序编写。

E. 学时分配。教学时间安排要标明课程总学时安排、每章节学时安排以及各章节中讲授、习题（课堂讨论）、实训（实习）、参观等分别所占学时数。学时安排应根据本课程在实现培养目标上的地位、作用、学科性质、知识、技能的难度以及教学上的需要来安排。学时分配如表 3-1 所示。

表 3-1 学时分配表

序号	内容	理论教学 学时分配	实验教学 学时分配	小计
1				
2				
3				
合　计				

F. 考核办法。

G. 授课方式与手段。

（3）教学大纲编写要求。

① 教学内容的选择和安排要体现本专业学科的逻辑体系，注重前后衔接，避免内容的重复和遗漏。尽力避免各章节、各学科之间的部分内容交叉，以免加重学生学习负担，引起厌烦心理，浪费学时。因此要认真做好技术处理，明确各课程分工。

② 教学内容的选择要符合国家政策、法律、法规，有高度的科学性、思想性和实践性，体现专业学科的基本理论、基本知识、基本技能，体现教书育人的原则。

③ 在教学方法上应尽量运用启发式教学以培养学生思考、分析问题和解决问题的能力。

④ 按百花齐放，百家争鸣的原则要求。在以介绍专业学科的主流观点为主的基础上，拓宽学生的知识面，但要注意教学的原则。

（二）专业教学计划制订与执行

教学计划是根据党的教育方针和专业培养目标制订的指导教学工作的基本文件，是学校培养专门人才，组织教学过程，检查人才培养质量的主要依据。

1. 制订教学计划应遵循的原则

（1）坚持德智体诸方面的全面发展。

要整体规划职业学校的德育体系，开设必要的思想政治、心理健康和职业生涯规划课程，同时要促进各类课程和教学环节同德育的有机结合。要体现教学为主，保证学生的业务学习。要重视体育课教学，使学生了解体育运动的基本知识，掌握科学的锻炼方法，养成体育锻炼的习惯，增强学生体质。要结合实习安排学生参加生产劳动，每学期主要在课余时间安排适当的校园建设和社会公益劳动。学校校园文化建设、学生社会实践活动是学生正规课程的延伸，要纳入学校的教育体系，丰富学生的精神文化生活，提高学生非智力素质的修养。

（2）面向当地经济建设，从实际出发。

教学计划的制订要从国情出发，立足于当地地方企（事）业当前的发展水平及现实条件，首先满足毕业生专业职业岗位任职的需要，同时具有所学专业实用知识、技能近期内发展的能力。教学内容一般应以常规、成熟的理论和技能为主，以生产（服务）第一线正在使用和近期可能推广使用的技术为重点，兼顾专业技术领域的进一步发展。

（3）整体优化，着眼于人才素质和能力的培养。

应按照培养跨世纪人才的要求，优化专业结构，建立与社会主义建设和现代化科技发展相适应的专业结构体系，专业设置要宽窄并存，按需调整，灵活设置。课程体系、教学内容改革要从提高学生素质和能力出发，考虑课程之间的有机联系，更新课程内容，合理安排每门课程的作用和地位，建立人才合理的知识和能力模块，构建各个专业的课程体系、全面提高人才素质，使学生的知识、能力、素质结构得到整体优化。

（4）课程体系要体现中等职业教育特点。

中职教育是培养生产（服务）第一线应用性专业人才，专业教学计划要贯穿专业技术应用能力培养这条主线，要构建相对独立又相互交融的理论教学体系和教学实践教学体系。课程设置和教学内容要突出实用性。基础理论的教学要以应用为目的，以必需、够用为度，以掌握概念、强化应用为教学的重点。专业课的教学内容要加强针对性和实用性。注重能力培养，理论教学部过分强调学科的系统性，要有一定的宽度和适度的深度，提高理论应用的要求。根据需要应开设一定的人文和社会科学的选修课。

（5）在教学环节上，突出实践教学环节。

要加强实践能力的培养，必须构建适应专业需要的独立实践教学体系，从培养能力出发合理安排习课题、实训、实习、课程设计和毕业设计。要突出本专业特色，注重实用性、公益性及综合性的实践教学，使学生有针对性地获得较为系统的基本技能训练和专业技术训练，以保证毕业生能快速上手，同时注意安排相关企业和事业单位推广近期采用的新技术、新手段方面的基础实践训练。

（6）规范化与可行性相结合。

培养目标、规格要求、学习年限、理论教学和实践教学环节的比例等，要服从统一规定，体现中职教学计划的规范性。而在专业内容的侧重面、课程设置、教学环节与学时分配等则可根据学校切实可行的具体条件来安排，随着教学改革的进展和教学条件的不断充实完善，对教学计划进行必要的修订，逐步达到规范化和可行性的统一。

2. 教学计划的主要内容和编制格式

（1）学制。

按国家规定中职教育修业年限为2~3年。

（2）培养目标。

培养目标是制订教学计划和组织实施教学的出发点。教育部确定中职教育的培养目标为培养能够拥护党的基本路线，适应生产、服务、管理等第一线需要的，德智体美诸方面全面发展的中等技术应用型人才。

（3）培养基本规格要求。

教育部教字〔2000〕2号文件原则规定了对中职教育毕业生共同的基本要求，各专业要根据学校的实际情况，进一步加以具体化，根据毕业生的业务工作范围，明确其应有的知识结构、能力结构和素质结构。

（4）主要课程名称及内容简要说明。

说明主要课程设课目的、主要内容、教学手段及达到的知识能力标准，要注意课程之间的衔接，避免各门课程之间不必要的重复。

（5）实践教学环节的说明。

实践教学环节包括实验课、教学实习、生产实习、专业实训等，要说明主要实践教学环节的目的、内容、方式、方法、学习周数分配等。

（6）教学进程和教学时数分配。

教学计划中应有完整、准确的教学进程和教学时数分配方案。各门课程和各教学环节教学时数的安排是制订教学计划中的重要问题，必须深入分析专业培养目标的基本要求，遵循制订教学计划的基本原则，体现办学特色，实现总体优化。

（7）教学计划表格。

教学计划表格包括教学日历、教学计划及时间分配、教育教学环节时间分配、课堂教学总时数分配等。

3. 制订教学计划的基本程序

（1）制订教学计划的工作由教学部部长负责，由专业教研组组长和骨干教师组成团队负责研究和起草。

（2）在进行广泛专业调查的基础上确定专业培养目标和基本要求，对培养目标和基本要求的描述应逐字逐句，认真推敲酌定，对培养目标的内涵和基本要求的根据有深入的理解和统一的认识。

（3）优化课程体系的总体设计。学习好上级部门的有关文件精神，参考兄弟学校的经验，结合本校本专业的实际情况和学校有关原则意见，以技术应用能力为主线分析知识和能力结构，确定各课程的设置和教学环节要求，将专业培养目标的基本要求分解到各门课程和各教学环节。

（4）理顺每门课程和教学环节的内容结构，将确定了的框架拿到各门课程开设的学部和教研组征集修改意见。选定课程的基本范围和教学重点，明确课程的应用方面，研究教学内容的衔接搭配和学时划分，进行横向和纵向的优化调整。

（5）对专业教学计划修订过程中的一些关键问题及重大改革措施的执行，要及时与教务科保持联系，以便修订工作的顺利进行。

（6）由教务科进行格式审查和内容审查，并由教学部和教务科共同安排好实践性教学环节和各类非智力教育活动内容，形成教学计划初稿，经主管副校长审批执行。

4. 教学计划的制订和执行

（1）教学计划执行情况的检查。教学计划是学校中具有法规性质的基本教学文件，必须严肃认真地执行，不得随意更改变动。

为维护教学计划的严肃性，学校要组织对教学计划执行情况的检查，检查方式有：

① 学期初、期中、期末，将教学计划执行情况列入检查内容。

② 教务科负责教学计划执行情况的经常性检查工作，发现问题及时解决，及时协调解决，保证教学计划顺利进行。

③ 毕业前对教学计划执行情况进行全面检查，检查培养目标和基本规格是否实现。

（2）教学计划执行的适度弹性。

教学计划必须局部变动时，应履行正式呈报审批手续，由教研组呈送教学部部长签批的报告，经教务科审查，主管副校长批准方可变动。

（3）教学计划的修订。

为保证完整地实现培养目标要求，稳定学校教学秩序，一般教学计划的修订不宜在一个学制周期的中途进行。

决定教学计划修订的因素有：

① 学校教学改革采取重大措施；

② 专业服务方向的变化以及培养基本规格发生变化；

③ 招生对象条件有重大变化；科学技术有重大发展。

（三）教学常规制度

1. 教学指导思想和原则

根据国家的教育方针和社会主义市场经济的需要，中等职业技术学校的任务是培养具有中级技术水平的现代型农民、中等管理人员、技术工人和其他从业人员。

中等职业技术学校的培养目标是：培养有理想、有道德、有文化、有纪律，具有为国家富强、民族振兴和人民富裕而艰苦奋斗的精神；具有实事求是、勤于思考、勇于创新、开拓的科学技术素质；具有良好的职业道德、职业意识、职业纪律、职业习惯、忠于职守的敬业精神；掌握直接从事某一专业工种所必备的文化基础知识和素养、专业知识和操作技能；有健康的体魄，能为社会主义建设服务、全面发展的劳动者。

为了实现中等职业技术学校的培养目标，必须树立正确的教学指导思想，坚持为社会主义现代化建设服务，面向世界和未来，坚持正确的政治方向，坚持理论联系实际，注重专业技能的培养，坚持教学、科研、生产实习、经营、服务五位一体的教学体制，坚持面对全体学生，全面提高教育、教学质量，培养出更多更好的技能型人才，为社会主义现代化建设服务。

2. 教学计划、教学大纲和教材

（1）教学计划。

教学计划是根据国家的教育方针和培养目标制订的关于学校工作的纲领性文件，是学校组织工作的主要依据。教学计划明确具体地规定了本专业（工种）的培养目标、质量要求和人才规格，对课程设置、课时比例、实训实习、成绩考核、生产劳动和假期等进行全面安排。遵照国家教委的规定，中等职业学校政治文化课、专业课、实习课比例为：工农医类专业一般为3∶3∶4，文科类专业一般为：3∶3∶3，某些技能要求较强的专业（工种）一般为2.5∶2.5∶5。同一专业（工种）必修课的课程设置及教学要求，课时安排和考核标准必须做到统一。此外，学校可根据实际需要和可能条件，适当开设选修课，选修课设置应突出基础性、实用性、能用性。

学校应根据国家教委的有关政治文化课、专业课、实习课的比例规定，制订教学计划，并报市教育行政部门同意，市教育行政部门审核批准，方可开设该专业。学校执行教学计划过程中需要调整的必须上报教育行政部门批准，学校不得擅自随意调整教学计划。

（2）教学大纲。

教学大纲是根据教学计划以纲要的形式编定的有关学科内容和要求的教学文件，是教师组织教学、处理教材和教育行政部门进行教学质量评估的基本依据。

学校教务科要组织教师认真钻研和熟练掌握教学大纲的内容和要求，并在教学中严格执行。为保证知识的前后衔接，教师应了解相关学科的教学大纲。尚未有统一教学大纲的，学校应制定暂行教学大纲。

（3）教材。

教材是根据大纲和教学法要求编写的教学用书，是教学大纲的具体化，是教学的主要工具，为教和学提供了具体内容。职业高中（中专）的相同专业（工种）要统一教材，教材应选用国家、自治区中等职业学校教材编审委员会出版的，对于还没有经审定出版教材的专业，可以根据需要选用适宜的教材。

3. 文化课教学常规

（1）备课。

① 教师要认真学习教学大纲（或教学要求），努力钻研教材，弄清本科的教学目的、教材体系、教学内容、知识点分布和能力训练层次要求及素质教育要求，特别要弄清本学期的教学目标和重、难点。

② 教师应该了解所教班级的专业特点及专业培养目标，文化课在知识、能力及思想素质等方面的要求，并根据专业特点和要求对文化课教学内容适当补充。

③ 教师要了解和熟悉学生情况，了解他们的学习动机、学习态度、学习习惯及有关学科的知识、能力水平等。

④ 教师应制订学期教学工作计划，其主要内容包括：本期教学内容、教学进度、各单元知识、能力训练目标及重点、难点、完成教学目标的措施（包括课外活动安排）等。

⑤ 教师应该按学期授课计划的安排，设计好每节课的课时教案。教案一般应包括以下内容：课题、教学目标（或教学目的）、教学重点、难点、课型、教学方法、教学步骤、板书设计、作业、教具等。在设计教学的目标时，应将德育有机地结合进去。

（2）上课。

① 教师要根据教学内容合理安排教学过程，完成教学目标。教师的讲授要有科学性、启发性、注重教学方法的选择，注重理论联系实际，要充分发挥教师的主导作用和学生的主体作用，努力为学生创造

课堂学习的良好心理环境。

② 教学过程中要注意学生信息反馈，及时采取补救调整措施。要注意对学生学习方法的指导和学生自身学习习惯的养成，引导学生主动获取知识。要注意学生基本能力和良好素质的培养。

③ 教师应根据教学内容，结合专业特点，对学生进行政治思想教育和职业道德教育，但要注意动之以情，自然渗透，不要牵强附会。

④ 教师要按时上、下课，教态要庄重、亲切、自然，用普通话进行教学，语言要规范、准确、简洁、生动，板书要简明扼要、布局合理、书写规范、杜绝错别字。

（3）作业与课外辅导。

① 布置作业要注意分量适当，难度适宜。教师应要求学生按时、认真、独立完成作业。

② 教师批改作业时要做到及时、认真、实事求是，批改方法应灵活多样。

③ 课外辅导要有针对性、目的性，并注意适量。要注重知识查漏补缺和因材施教（学习方法的指导）。

（4）考试。

① 考试要依据大纲（或教学要求）、教材的要求，试行单元过关考试办法，主要考核学生在每个单元对基础知识和基本技能掌握情况，要注意考查学生的思维和知识迁移能力。

② 命题要结合学生实际情况，注意准确性和科学性，题量与难度要适当，要有利于调动学生的学习积极性。

③ 要端正考风，严格考纪，杜绝舞弊现象发生。

④ 评卷要认真、公正，严格按评分标准进行评卷。

⑤ 考试后，教师应进行试卷分析、总结经验，找出存在的问题和原因，制定改进措施。要做好试卷评讲工作，帮助学生分析和解决问题并传授解题技巧。

（5）教研活动。

① 教师要努力学习党和国家有关教育的方针、政策，学习教育理

论，研究提高教学质量的途径和方法、开展教学专题研究和教学改革。

② 开展集体备课、互相听课、观摩课教学、赛课、说课、教学经验交流等多种形式的教研活动。积极参加市区、市、校组织的多级教研活动。

③ 每学期末，教师要写出本学期教学工作总结。

④ 及时总结经验，收集教研、教改信息、积累教研、教改资料、撰写教研、教学论文。

4. 专业课教学常规

（1）备课。

① 教师应认真学习教学大纲（或教学要求），努力钻研教材，弄清本课程的教学目的、教材体系、教学内容，以及与专业技能课的关系，弄清本课程的知识分布及能力训练层次要求，特别要弄清本期的教学目标及重点、难点。未颁发统一教学大纲的课程，教师应在学校统一安排下，制订出本课程的教学要求。同时，教师还应了解与本课程有关的新规范、新技术、新知识。

② 教师应了解所教班级学生情况，了解他们对专业的热爱程度，他们的学习动机、学习兴趣、学习态度、知识水平乃至健康状况及生活成长环境等。

③ 教师应写好课程计划。其内容包括：教学目标（课程总目标和各章节目标），各章节授课时数和进度，教学重、难点，完成教学目标的措施等。

④ 教师应按照课程授课计划的安排，设计好每节课（或两节连堂课）的教案。在写教案时，要注意准确理解概念、原理、规律和知识的前后衔接，教案的内容一般应包括：课题，教学目标（或教学目的），教学重点、难点，教学方法，教学步骤，板书设计，作业，教具及有关实验准备等。

（2）上课。

① 教师要注意改革课堂教学模式，改革教学方法，尽量利用现代

化教学手段，制作多媒体课件，创设直观教学环境，进行情景教学。

② 教师要根据教学内容合理安排教育过程，完成教学目标。教师的讲授要注意准确性、科学性，讲清概念原理、名词术语等。并及时把新知识、新规范、新标准、新技术补充到教学内容中去。要注重行业职业道德教育。

③ 教师要注意到专业理论课与专业技能课之间的密切相关性，要突出理论联系实际，运用理论解决本专业的实际问题。

④ 教师在教学过程中要注意学生信息反馈，及时采取补救、调整措施，要注重对学生学习方法的指导，引导学生主动获取知识。要注意学生基本能力和基本技能的培养。

⑤ 教师要按时上、下课，教学态度要庄重、自然、亲切，用普通话进行教学，语言要规范、准确、简明、生动，板书要简明扼要，作图要准确、清楚。

（3）作业与课外辅导。

① 布置作业要注意分量适当，难度适宜。和技能密切相关的理论教学完成后，对需进行课后操作练习的，应提出相应的要求。

② 教师批改作业要做到及时、认真，共同的问题要在课堂上集体讲评，切实解决学生学习中的问题。

③ 课外辅导要有针对性、目的性，要注意知识的查漏补缺和对学习方法的指导，特别要注意引导学生理论联系实际。

④ 教师要指导学生深入社会实践，可在学校统筹安排下，建立各类活动小组，培养学生的专业兴趣，巩固其专业思想。

（4）考试。

① 考试要依据大纲（或教学要求）、教材的要求，试行单元过关考试办法，重点考核学生的专业基础知识和基本技能掌握情况，要注重考查学生解决实际问题的能力。

② 命题要结合学生实际情况，注意准确性和科学性，题目难度要适当，要有利于调动学生的学习积极性。

③ 要严格考纪，端正考风，杜绝舞弊现象发生。

（5）教研活动。

① 教师要努力学习党和国家有关教育的方针、政策，学习教育理论，研究提高教育质量的途径和方法。要注重教育理论的学习。

② 开展集体备课、互相听课、观摩课教学、赛课、说课、教学经验交流等多种形式的教研活动。积极参加区、市级组织的多级教研活动。

③ 每学期末，教师（含技能实训课教师）要写出本期教学工作总结。

④ 提倡总结经验，收集教研、教改信息，积累教研、教改资料，撰写教研、教改论文。

5. 专业技能课教学常规

专业技能课教学（教学实习）和生产实习归学校招生就业办统筹安排、统一管理。

（1）课前准备（备课）。

① 教师就应认真研究和学习本专业教学计划、教学大纲（或教学要求），努力钻研教材，了解和熟悉行业技能规范和行为操作标准，熟悉实习器材设施的操作规范，制定出本专业的《专业技能实训计划》。

② 教师应了解和熟悉学生情况，了解学生专业技能的学习水平及对专业的学习兴趣、学习方法等。

③ 教师应按照本专业《专业技能实训计划》的要求，设计好单项技能教案（或技能训练方案）。教案一般应包括以下内容：训练项目，训练目标，训练重、难点，训练方法，训练步骤，训练注意事项，训练所需要的实验实习设备、器材等。

（2）能力训练与指导（上课）。

① 教师应根据训练内容合理安排训练步骤，首先向学生讲清训练内容、目的、要求及注意事项（特别是安全注意事项），检查学生准备情况。

② 教师应根据训练目的做必要的规范的操作示范，边示范边讲清

操作要点，特别是关键的操作步骤或学生不易掌握的操作步骤，教师可反复演示或与学生合作演示。

③ 学生操作过程中，教师应加强巡回指导，及时纠正学生的不规范的操作行为，并及时处理训练中的偶发事件。

④ 在训练过程中教师应加强纪律管理，要求学生文明操作，注重培养学生职业道德和规范的职业行为，特别是行为的规范要求要贯穿训练始终。

⑤ 在训练课结束之前，教师应做小结，指出学生训练过程中的成功和不足之处。学生应填写训练报告。

⑥ 训练结束后，教师应按行业规范要求和实验室（或实训室）管理条例整理好器材、设备，做好清洁卫生。

（6）实训考核。

① 常规考核：一个项目训练完后，教师应根据该项目的训练要求进行验收考核，并做好考核分析和成绩记录。对于没有达到训练标准的学生，教师应进行辅导和强化训练，使之达到目标。学期末，任课教师应把木期各项目的考核成绩一一登记到“专业技能考核成绩证”上。

② 技能鉴定考核：由职业技能鉴定所组织学生参加有关工种的技能等级鉴定考核，考取与本专业有关的职业资格等级证书。

6. 实习教学常规

（1）实习准备。

① 明确实习目的。实习是学生在专业基础理论和知识学习的基础上，有目的、有组织、有计划、有指导地学习和掌握专业技能的活动。通过实习，应对学生进行思想教育、劳动教育。培养职业意识，养成良好职业习惯，使学生丰富和发展在校内所学过的理论知识和专业技能，并将其转化为直接经验、技能和技巧，从而具备直接参加生产的能力。

② 制订实习计划。根据教学计划、教学大纲的要求安排实习，确定实习时间、地点、内容。

③ 考察实习基地（单位），了解实习单位的技术力量、设备器材及管理水平，争取到专业对口、技术与管理都比较先进、信息渠道多的单位实习。与实习单位签订实习合同。

④ 制定实习规章制度。

⑤ 落实实习指导教师。

⑥ 制定实习方案。根据实习教学要求和实习单位情况，确定实习内容，写出实习大纲，结合学生技能特长安排实习岗位，制定学生实习目标。学生实习目标一般应包括：

A. 德育目标：加强行业职业道德和职业纪律教育，培养职业情感，养成良好职业习惯等，要求要具体、明确。

B. 技能目标：可按行业等级标准或技能训练标准，结合实习单位的情况具体制定。

⑦ 实习培训。实习培训即对实习指导教师、学生、家长进行必要的培训或教育，形成“学校、家长、实习单位”共同管理实习的良好风气。

（2）实习教学。

① 实习带队教师直接负责学生的教育和管理，应在思想上、业务上、组织上、生活上确保实习目标的完成，自始至终起指导、教育、管理和桥梁作用。

② 教师应注意指导学生在实习中运用专业理论知识解决实际问题，加强理论与实践的结合，做到“教、学、做”合一，同时注意帮助学生掌握和运用先进的科学技术和新知识、新技能。

③ 教师应注意学生能力的培养，培养学生的动手能力、观察能力，以及独立工作的能力、与他人合作的能力等，使学生全面发展。

④ 教师应做好学生的思想工作，巩固专业教育，加强纪律、安全、保密等制度的教育，培养学生良好的职业道德、职业纪律、职业责任感。严格考勤，实习中途学生不能擅自离开岗位。

⑤ 教师应建立必要档案、资料、卡片，记载实习情况，定期反馈实习信息。可编发实习简报，交流实习经验，及时总结和评比实习

情况。

⑥ 教师应协助实习单位管理学生，学校招生就业处也应定期抽查学生实习情况，及时发现和解决问题。

（3）实习考核。

① 学生实习完后应写出实习报告或实习总结，从思想和技能两方面总结自己实习的收获和体会，并找出存在的问题或不足之处。

② 教师应根据学生的实习表现和实习报告写出评语，配合实习单位为学生做出实习鉴定，评定学生实习“合格”或“不合格”。

（4）实习总结。

① 实习带队教师应写出书面总结，肯定实习的主要成绩及好的经验、做法，并指出存在的问题，提出今后改进意见。

② 带队教师应整理好实习的有关资料，交到学校招生就业办存档。

③ 学校应召开实习总结、表彰大会。

（四）课堂教学质量评估

1. 总则

开展课堂教学质量评估是提高教学质量，实现教学管理科学化、规范化的重要一环。通过评估活动可以加强教师和学生的联系，发现教学过程中的问题，帮助教师在教学中发现不足，克服缺点，又有助于领导了解学校教学状况，为改进教学工作提供决策依据，为了搞好我校的评估工作，特制定本条例。

2. 评估的组织

评估的组织参照《评估工作条例》。

第一条　评估的工作按照统一领导，分工管理的原则，在主管副校长的领导下，由教务科负责组织，领导协调全校的评估工作和日常工作。各教学部负责确定评估课程、安排领导和同行听课等工作。

第二条　各部应建立评估工作小组，由部长负责本部的评估工作，并指定1~2名管理人员负责评估的具体事宜。

3. 指标体系及权重的确定

第三条 本着科学性、方向性、可行性、激励性原则，依据教育科学的有关原理，教学改革的客观要求和上级有关政策，结合我校实际，制定评估指标体系。

第四条 指标体系蓝本由教务科制定，在总体框架不变的原则下各部结合本部教学工作的特点，做有针对性的增删或修改，但在文字表述上应力求准确、精练，使用时须经教务科确认以保证全校评估工作的可比性。

4. 评估信息的构成

第五条 为了评估的客观性，原始评估信息由以下三方面组成：

（1）学生的评价信息。

（2）领导的评价信息。

（3）同行的评价信息。

第六条 以上三方面的信息可通过不同的途径获得。三方面的信息可单独形成评价结果，也可综合形成评价结果。

5. 评估的实施

第七条 评估调查表原则上由教务科统一印制，各部亦可自行印制，但需经教务科认可。

第八条 评估时间及次数：一般在每学期期中考试结束后进行，原则上所有任课教师均应参加评估。

第九条 学生对所选课程必须给出客观的评价。调查可采取以下方式进行：

（1）课前调查，即利用课前的几分钟让学生集中填调查表。

（2）课后调查，即利用课程结束后的时间让学生集中填调查表。

（3）单独抽出时间让学生填写调查表。

无论采用哪种方式都应遵循以下原则：

① 调查前应做必要的宣传工作，简略阐述评估的目的和意义。

② 调查者必须是与本门课的教学无直接关系的人员。

第十条　领导评估按以下程序进行：

（1）到课堂听课，并做好听课纪录。

（2）填写《课堂教学质量评估调查表》。

（3）期末将所填写的全部调查表交有关人员进行统计处理。

第十一条　同行评估办法和要求基本同领导评估，但应以部为单位进行。

6. 评估信息的利用

第十二条　经过对评估结果的统计处理应形成以下材料：

（1）单个教师的评估报告。用于教师本人改进工作，同时提供给单位领导参考并存入教师业务档案。

（2）分部评估报告。对参评部的教师进行分析，以求找出该教学部普遍存在的问题。

（3）全校评估情况分析报告。通过分析以达总体上把握全校情况之目的。

第十三条　评估工作结束后，各部要妥善处理评估结果，要以帮助教师改进教学工作为重点，评估结果不公开、不公布，评估报告原则上应发给教师本人，教师应认真分析评估报告提供的信息，对照检查自己的工作，做到扬长避短，并对学生评估工作中存在的问题提出改进意见。

第十四条　评估结果记入教师业务档案并作为晋级、晋职的依据之一。

（五）教师教学质量评估实施细则

教师教学质量评估是提高学校整体教学水平的措施之一，是教学过程质量控制的手段；同时评价结果也为任课教师提高自己的授课水平，改进教学方法，深化教学改革，提供了客观依据。为使课堂教学评估工作进一步规范化、制度化，增强评估的客观性、科学性和可操作性，特制定如下细则：

1. 教师教学质量评估的目的

（1）为学校制定有关政策、规定和措施，全面提高课堂教学质量提供客观依据。

（2）帮助任课教师正确认识自己的课堂教学能力，了解自己的授课水平，以充分发挥自身的优势，不断改进教学方法，为进一步提高授课质量提供比较准确的信息。

（3）为教师评优、晋级、晋职提供必要的客观依据。

2. 教师教学质量评估的时间、范围

（1）教学质量评估分为学生评教、听课教师评教、学校督导评教和教学检查评教、教学效果五个部分。教师教学质量评估每学期必须进行一次，一般安排在第十七、十八周进行。

（2）评估的范围是在我校承担教学任务的所有教师。

3. 教师教学质量评估方法

（1）学生评教。

① 学生评教由教务科长负责，由负责教务的同志具体组织实施。

② 学生评教每月进行一次，学生评教分数为学期全部评教平均分。

③ 评教学生人数不得少于授课班级人数的 95%，否则评教结果无效。

④ 各班评教主持人由教务科长确定（主持人不得组织学生自评）。评教程序严格按照学生评教操作方法进行，即先对学生进行评教动员，要求学生客观公正地评教，然后分组填涂评教卡。评教结束后将评教卡当场密封，由评教主持人、班长及教务科长签字后当日送教务科进行统计。

⑤ 学生评教分数占教师教学质量评教总分的 20%。

（2）教学部评教。

① 各教学部都要成立“课堂教学评估领导小组”（以下简称“评估小组”）。“评估小组”由 4 人以上组成，组长由教学部长担任，

成员由职称较高、业务素质强、办事公正的教师组成。“评估小组”全面负责本部的课堂教学评估工作。

②“评估小组”负责本部的日常听课评教，其听课时间、听课人员由组长根据本教研组的情况进行安排，听课人员尽量是“评估小组”成员，也可安排其他教师，但每次听课人数不得少于 4 人，否则评教结果无效。听课后依照评教指标体系，认真、公正、及时地填涂听课评教卡，由听课主持人签字，当日送交教务科，统一进行统计。

③ 评估小组成员每听一节课，其工作量按每人 1 学时记入该教师的工作量档案。

④ 各教学部每学期要进行期初、期中、期末的教学检查，课堂教学检查的重点是教学计划的执行情况、教师教案、教师授课情况等。

⑤ 教学部长把听课及教学检查情况综合评分后，作为本次评教分数，其占教学质量评估总分的 20%。

（3）督导评教。

① 教学督导室下设若干个听课小组，负责日常听课评教，每次听课人数不得少于 4 人，否则评教结果无效。听课后依照评教指标体系，认真、公正、及时地填涂评教卡，由听课主持人签字，当日送交教务科进行统计。

② 督导室成员每学期进行一次评教活动。

③ 督导评教分数占教师教学质量评估总分的 20%。

（4）领导评教。

① 校领导、教务科日常教学巡查，对安排各项工作完成情况检查（如学习、监考、命题、改卷等），填写测评表。

② 各级领导对教师进行检查后，按指标体系评出等级，分数占教师教学质量评估总分的 20%。

（5）按教学效果评教。

学生期末考试成绩是教师教学效果的具体体现，教学效果的分数根据学生期末考试成绩确定。

4. 评教结果及应用

（1）学生评教分数、教学部评估小组评教分数、学校督导评教分数、各级领导评教分数和教学效果分数之和即为该教师当学期教师教学质量评估的综合得分。

（2）根据教师教学评教综合得分，评教结果分为 A、B、C、D 四级，85 分以上为 A 级，71～85 分为 B 级，60～70 为 C 级，60 分以下为 D 级。

（3）教师教学质量评估的结果作为发放教师课时费及奖金依据。

（4）教师教学质量评估的结果为 B（含 B）以上为评优评先条件之一，连续二年居本单位参评教师总数后 5% 的教师，当年不得参加职称评定。

（5）课堂教学评价结果报送校领导、有关科室及教学部，并将评教详细指标得分单反馈给每位参评教师。

（6）学校成立由分管教学副校长、教务科、办公室等单位参加的检查监督领导小组负责，具体负责督促检查每学期该评估制度的执行情况。

（六）教学检查制度

为稳定教学秩序，提高教学质量，确保学校在教学管理方面总结经验，表彰先进，发现问题，改进管理，学校决定建立教学检查制度。

1. 教学检查的内容

（1）教务科、部对教学计划、教学规章制度的执行情况。

（2）教学准备及教学条件状况。包括教学大纲、教材等文件的建设情况，教师教案的准备情况，教学参考资料的齐备程度和发挥作用情况，教学仪器和设备的维护及完好率，教学场所的整洁情况等。

（3）课堂教学情况。包括课表执行情况和按时上下课情况；教学大纲、进度计划和教材的执行情况；教学内容、方法及效果等教学质量情况，对学时的管理、考勤情况；停课、调课情况。

（4）辅导答疑及作业情况。包括教师深入教授，作业布置及批改情况。

（5）学生的学习情况。学生的学习态度，学生的到课情况；作业完成情况及自习情况；学生借阅图书课外阅读情况等。

（6）实训、实习指导情况。包括实训、实习计划及执行情况。

（7）成绩考核情况。包括考前辅导、命题、考试组织、考场纪律，评分标准以及学生成绩的分布等情况。

（8）教研室活动情况等。

2. 检查的标准

按《各县级职业学校教学工作规范》《各县级职业学校考试管理制度》以及其他有关规定执行。

3. 检查的组织领导

（1）部检查。

经常性的检查和集中检查相结合。各部要把教学检查当作一项经常性的工作来抓，坚持不懈地进行。除日常检查外，还要集中力量重点检查。各部每学期都要确定重点检查项目或范围，并全力抓好。重点检查可结合课程评价，教学效果考核以及评奖进行，亦可单独进行。

各部要做好教学检查的组织工作，由各专业部长负责，教学秘书、有关教师都须参加。教学检查的安排及教学检查结果应及时向教务科通报。

（2）学校检查。

学校检查一般采用随机抽查和重点检查相结合的方式进行。学校每学期确定重点抽查项目和抽查对象，由教务科制订检查计划。学校的教学检查工作由主管教学的副校长挂帅，教务科科长等有关教学人员参加。

4. 检查方法

（1）组织听课。

听课一般不事先通知，学校领导、教务科工作人员、各部、领导都应随时听课。听课人员应遵守课堂纪律，尊重教师。

（2）检查教案和学生作业等。

学校和部可采用随机抽查、指定检查或结合评奖采用展览的形式对上述内容进行检查，有关教师和学生必须与之配合，不能拖延时间和阻挠。

（3）召开座谈会。

召开座谈会包括召开各级领导座谈会、教师座谈会和学生座谈会以及教学管理教辅人员座谈会等。

（4）深入到教学场所、实训基地或学生宿舍听取意见。

（5）抽查课程。

学校、部每学期都要抽查部分课程。抽查课程由学校或部依据教学大纲和教材组织命题、判卷。此外，学校和部还可以抽查部分试题，必要时将对试题进行部分调整或修改后再进行考试。

（6）抽查试卷。

学校和部可根据情况对部分试卷进行抽查甚至是复评。

（7）检查实训、实习。

学校和部应派人到实训基地或实习地巡视、检查，并结合实训、实习评奖工作对实训、实习情况进行全面检查。

5. 检查结果及处理

学校和部的教学检查结果均以书面形式做出小结，并及时在校、部内通报，总结经验，表扬先进，发现问题，帮助改进，批评落后，以利于改进教学，提高教学质量。检查的结果要做到两个挂钩，一是与专业技术考核和职称评定挂钩；二是与绩效工资的发放挂钩。

（七）教师听课制度

为推动边境县级职业学校教研活动的进一步开展，形成以老带新、相互学习、相互提高、相互促进的教学氛围，提高课堂教学效率，提高教学艺术，激励教师努力提高教学质量，从而提高教师队伍的整体素质。特制定以下制度：

（1）教龄不足一年的教师每月听课不少于12节，其他教师不少于4节。

（2）各专业部长每月听课不少于10节，教学秘书月听课不少于8节。

（3）听课前一定要先了解教材内容要求，听课过程有记录，要标明听课日期、授课人、教学班级、教学课题、教学活动过程、板书、简评等，要有课堂评价或教学建议。听课后要与授课教师交换意见。

（4）听课时，听课教师要提前三分钟进入教室，不讲话，不走动，不中途离场。

（5）班主任尽可能多听本班课，任课教师以本科目为主，并注意吸收其他任课教师的长处。

（6）青年教师要多听课，特别是多听每学年的公开课。

（7）教学秘书每月至少统计、检查一次教师听课情况，上报学部部长并记入考核成绩。

（8）去听课，原则上应该先调好自己的课程，不能因听课而耽误同学们的学习。严禁实际未听课却有听课记载的现象。

（9）听课种类。

① 推门听课。为了使进校工作一到三年的教师尽快适应教学工作，激励他们切实提高自己的教学水平，教学管理部门将组织学部部长、部分教师不打招呼随时进课堂听他们的课，这被称为“推门听课”。课后组织听课教师讨论写出课后评价，作为教师考核内容之一。由学部部长把听课评价反馈给授课教师。

② 师徒听课。

A. 指导教师有责任每周至少听被带教师一节课。

B. 被带教师每周听指导教师的课不少于两节。

C. 指导教师应对被带教师的课进行讲评、指导。

D. 被带教师应主动、虚心向指导教师请教，并结合自己的教学实际不断改进自己的教学。

③ 督导组听课。督导组根据学生反映，有针对性地听课。并将授课中存在的问题予以指正。

（八）调停课管理制度

为了严明校规校纪，加强教学管理，稳定教学秩序，努力提高教学质量，结合我院实际情况，制定如下规定：

（1）凡是调（停）课，应由提出者向各部书面申请，需经学部部长同意，教务科审查。

（2）课表一经排定，不得擅自变动，如确因特殊情况需要调课、换课的，提前一周由任课教师征得本部主管教学工作的领导同意后，填写申请单，按下列程序办理报批手续。

① 公共课、基础课报教务科审批。

② 专业课由各部审批，报教务科备案。

（3）调课、换课、停课申请单一式两份，一份留教师所在专业部，一份送教务处。

（4）凡未经批准擅自调课、停课的部门将视为教学事故，按照《各县级职业学校教学事故认定和处理办法》，对相关责任人做出处理。

（九）教学事故认定和处理办法

1. 总则

（1）为确保全校正常教学秩序，严格教学纪律，强化各级教学管理，进一步提高教育教学质量，特制定本办法。

（2）教学事故是指由于任课老师、教学辅助人员、教学管理人员、教学服务人员及各级管理部门、单位负责人直接或间接责任，导致正常教学秩序、教学进程和教学质量等受到影响，并造成不良后果的行为或事件。

（3）根据发生的情节和造成的后果，教学事故分别被认定为以下三个等级：

① 重大教学事故（Ⅰ）。重大教学事故是指人为因素造成的影响恶劣的严重不良行为或事件。

② 严重教学事故（Ⅱ）。严重教学事故是指重大失误造成的有严重不良后果的行为或事件。

③ 一般教学事故（Ⅲ）。一般教学事故是指失误或其他因素造成的不良行为或事件。

2. 教学事故的认定

（1）根据教学事故的等级和类别，教学事故认定办法如表 3-2 所示。

表 3-2　教学事故认定表

序号	事　项	等级
1	在教学、实验、实习、辅导、答疑等教学环节、教学过程和教学组织管理中散布或出现违背党的方针政策、违背教师基本职业道德规范等方面的言论和行为，直接影响教学活动的正常进行或在学生中造成恶劣影响的行为	Ⅰ
2	语言侮辱或体罚学生，使学生身心受到伤害，造成严重后果	Ⅰ
3	未按规定程序办理审批手续擅自停课或缺课	Ⅰ
4	未按要求提前做好实验准备，导致实验无法正常进行，造成重大后果/严重后果/影响教学	Ⅰ/Ⅱ/Ⅲ
5	并非不可避免的原因上课迟到 10 分钟以上或提前下课 10 分钟以上	Ⅱ
6	在教学过程中不按要求布置或批改作业或实验报告	Ⅱ
7	在上课或其他教学活动中使用手机或其他移动通信工具，未将手机或其他移动通信工具置于关闭状态，影响教学	Ⅱ/Ⅲ
8	未经批准，擅自变更主课者/擅自变更课程表安排的上课时间和地点	Ⅱ/Ⅲ
9	不经批准，擅自停课或减少总学时；将正常授课改为复习或自学，而不进行指导	Ⅱ/Ⅲ

续表

序号	事　项	等级
10	任课教师及其他人员考前泄露试题	Ⅰ
11	监考教师未按时到岗而影响考试的正常进行，或未严格执行考试规定（包括发现学生作弊而不及时处理），从而造成严重影响/影响较大	Ⅰ/Ⅱ
12	试题存在严重错误，影响考试正常进行	Ⅱ
13	不按评分标准阅卷，随意改动学生考试成绩	Ⅱ
14	考试成绩报出后因批改错误而更改学生成绩 2 名以上（含 2 名）/1 名	Ⅱ/Ⅲ
15	不按规定时间上交学生成绩单，造成不良后果。	Ⅲ
16	有关部门和单位对本单位所发生的重大教学事故事有意隐瞒不报，造成严重影响	Ⅰ
17	教学任务、教室或考试安排不当，未能及时调整处理，影响正常教学秩序，造成严重后果/课表失误，造成不良影响	Ⅱ/Ⅲ
18	教学设备损坏不报修，或在已报修的情况下未及时进行修理，在 2 天内又未及时采取有效措施，影响教学活动的正常进行	Ⅱ
19	管理不善，设备丢失，严重影响教学正常进行	Ⅱ
20	教室或其他教学活动场所卫生状况差，未能按规定清扫和整理，造成严重后果/不良影响	Ⅱ/Ⅲ
21	遗失试卷：1. 成绩已登录　2. 成绩未登录	Ⅲ/Ⅱ

注：对其他教学事故，视情节及造成的影响，给予相应的认定。

3. 教学事故处理

（1）对于一般教学事故（Ⅲ），责令当事人写出书面检查，全校通报批评，当月考核系数为 0.7，取消本年度优秀教师参评资格。

（2）对于严重教学事故（Ⅱ），责令当事人在教学部做出深刻检查，全校通报批评，当月考核系数为0.5，取消本年度优秀教师参评资格。

（3）对于重大教学事故（Ⅰ），责令本人在全校教师大会做出检讨，全校通报批评，当月考核系数为0，取消本年度的一切参评资格。情节特别恶劣并在学生中造成极坏影响的，解除劳动合同并按合同违约处理。

当月出现两次以上Ⅲ级教学事故者，按Ⅱ级教学事故处理，当月出现两次以上Ⅱ级教学事故者，按Ⅰ级教学事故处理，当月出现两次以上Ⅰ级教学事故者，解除劳动合同并按合同违约处理。

各级各类教学事故均存档在教务科，作为事故责任人年终考核、工资调整、职务晋升、津贴评定以及岗位聘任等事宜的有效依据。

（十）考试管理制度

考试是教学的重要环节，是检查教学水平的重要手段，抓好考试工作，对于提高教学质量，端正学风具有十分重要的意义。为此，特制定本制度。

1. 考试工作细则

（1）每学期期末由教务科编制全校考试日程表，下达各学部执行，不得擅自变动。

（2）教务科选派作风正派、认真负责、组织纪律性强的同志担任监考工作，监考人员严格遵守监考守则。

（3）考场由教务科统一分配，每考场采用单人单桌或两门课程交叉编座位，由两名监考人员负责管理。

（4）期末各科笔试题，必须由有关教师在考试前两周出A、B两套同等分量的试题，并附答案及评分标准，经学部部长审查签字交教务科打印后，命题教师要及时校对。

（5）命题教师不准出偏题、怪题。应使试题难易程度得当。命题教师应保证试题准确，书写清楚，无误漏之处。

（6）评卷应掌握标准，不准无原则地送人情分，凡一门课多人（指本校专职教师）讲授时，应采取流水评卷法，评卷结束由教师填写成绩，签名后连同试卷一并交教务科。

（7）各科考试、考查成绩均由教务科统一通知班主任。任课教师不得擅自向学生透露成绩，出现问题追究责任。

（8）一次性补考试题由教务科通知教学部指定教师命题，要求与正常试题相同，补考事项按正常考试规定进行。

（9）每学期期末考试评卷结束，任课教师应填写考试分析总结报告表，一式两份，一份随试卷交教务科，一份由教学部保存。

2. 考试制度

（1）学生必须参加教学计划规定的课程考核，考核成绩记入成绩记分册，并归入本人档案。

（2）成绩考核分考试和考查两种。考试科目成绩，以学期末考试成绩为主，适当参考平时成绩。采用百分记分法（校考科目成绩：期末考试占 70%，期中占 20%，平时占 10%）。考查科目成绩是指对学生平时测验成绩的综合评定，采用五级制（优、良、中、及格、不及格）记分法。

（3）各学科按教学大纲要求，必做的实验课不可无故缺勤，否则按规定罚款（扣还已支付的实验费用），实验成绩不及格者，不准参加期末考试。

（4）学生需按时完成各科作业，无故缺交三分之一者，不准参加该科考试，考试考查成绩均记零分。

（5）任课教师每次上课应记录学生出勤情况（特别是本校教师和专业课教师），学生无故缺课累计超过本课程教学学时的三分之一，不准参加本课程考试，考试考查成绩均记不及格，可视其具体情况决定是否给予补考机会。

（6）因病不参加考试，必须事先申请，经教务科批准后方可缓考。

（7）每学期考核不及格的课程，均参加补考，成绩注明“补考”字样。补考后仍不及格者，在毕业前给一次性补考机会。每次补考考生必须持本人准考证进入考场，在指定座位上进行考试。

（8）凡擅自缺考或考试作弊者，该课程记零分，可在毕业前给一次性补考机会，作弊情节严重又无理取闹者，应给予纪律处分。

（9）有正式学籍的学生，在德、智、体合格，学完教学计划规定的全部课程并考核合格者，可准予毕业，发放毕业证书。

3. 考场规则

（1）考生持学生证进入考场，不得携带任何书籍、报纸和稿纸等，只准带必需的文具，如钢笔、圆珠笔、铅笔、直尺、圆规、三角板等。

（2）考生在考前应做好各项工作，考试当中不准离场。考前十五分进入考场，按座位号对号入座，并将学生证放在桌子的左上角，以便监考者查对。

（3）考生进错考场，坐错座位，一律按违规处理。

（4）迟到三十分钟，不得入场，考试一个小时后才准交卷出场。交卷时先举手，由监考人员收取试卷。

（5）考生对试题有疑问时，不得向监考人员询问；如遇试题分发错误和字迹模糊问题，可举手询问。

（6）考生答题一律用蓝色或黑色钢笔（圆珠笔）书写（用铅笔画图除外），否则不予判分。字迹要整洁、清楚，答题书写在草稿纸上一律无效。

（7）除在试卷规定的地方填写姓名和学号外，不得做任何标记。凡姓名学号书写字迹辨析不清、严重涂改或带有标记及不写姓名、学号的试卷、一律作废。

（8）考生在考场内必须保持安静，不准吸烟。交卷后，不得在考场附近逗留、谈论。

（9）考试终止时间一到，考生立即停止答卷退场，不准将试卷和稿纸带走。

（10）考生必须严格遵守考场纪律，不准交头接耳，不准偷看他人试卷，不准夹带、换卷等。

（11）考生不准佩带手机进入考场，违者按违反考场规则处理。

4. 对作弊学生的处理

（1）学生考试作弊行为的认定。

学生有以下行为之一，视为考试作弊：

① 闭卷考试时擅自将书籍、笔记、纸张等资料带入考场。

② 答卷时交头接耳，互打手势、暗号。

③ 偷看与考试有关的资料和事先在桌面和其他载体书写的有关考试的文字。

④ 传接与考试内容有关的资料。

⑤ 传换试卷。

⑥ 请他人替考或替他人考。

⑦ 用电子通信或其他设备在考场上交换信息。

⑧ 评卷中被认定为雷同卷时，有关学生按作弊对待。

学生作弊的认定权（除第 8 项外）属于监考教师及在场巡视人员，非在场人员无权认定。

（2）对作弊学生的处理办法。

① 学生一经作弊，该门课程以零分计，不准予正常补考，对认识深刻，态度端正的学生，在未达到退学条件的前提下，在毕业前给一次补考机会。除上述处理外，凡作弊学生均给予纪律处分。

② 在跨学期统考科目考试中作弊者，该门课程以零分计，准予正常补考，按一次性补考收费。

（十一）教师监考要求

为加强学校考试监考管理，树立良好校风、教风、考风，现重申教师监考要求如下：

（1）教师应按学校安排监考，非特殊情况不要调换监考场次、时间、监考人员，如需调换，须经教务科批准。

（2）教师应提前 15 分钟到教务科领取考卷，领取试卷时要仔细检查试卷科目。教师应提前 5 分钟到考场组织考试，将学生的与考试有关的书籍、笔记、练习册等放到讲台上，等考生安静后可分发试卷，要确保准点开考。

（3）认真监考。加强巡查，及时警示学生中出现的作弊苗头，对于作弊事实进行记载（考场报告单），并上报教务科。

（4）按规定宣布考试时间，并按时发卷收卷，收卷后应清点核实卷数与考生人数是否相符，理顺试卷，不得有任何差错，若产生不良后果由监考教师负责。

（5）监考时不做与监考无关的事，如看书、看报、睡觉、接打手机等。不得任意离开考场，应严格要求学生遵守考场纪律。如发现有考试违纪和作弊者，应当场停止其答卷，试卷没收作废，并令违纪学生离场。不得擅离职守。

（6）监考教师发卷后，除对试题印刷不清或分发错误可作公开说明外，对考生提出的其他问题不予解答、解释、启发或暗示等。若试卷数目或印刷有问题，由一名监考教师及时到教务科领取。

（7）监考教师应如实填写《考场报告单》以备查，如发现违纪、作弊考生，应立即没收该考生试卷，并在卷面上做记号，令其退出考场，并将情况直接报教务处，由教务处核实后立即公布违纪、作弊者名单并给予相应的处理。

（十二）试卷及分数的管理与查阅办法

为了规范我校教学管理，促进教学质量的不断提高，提升教师的爱岗敬业精神，特制定本办法。

（1）每学期末考试结束后 3 天内任课教师须将考试成绩登录到考试管理系统，下学期第一周再将试卷整理归档。

（2）我校学生的课程成绩应一式二份，交教务科一份，教师自留一份。

（3）学生分数查阅。学生对自己本学期的成绩有疑问的，在下一学期开学第一周填写《学校学生查阅试卷申请表》交教务科，教务科汇总后第二周初查试卷，如果试卷分数确实有误，教务科通知任课教师，由任课教师、学部部长共同更改分数。

（4）奖惩。

① 任课教师在卷面上若有差错，计入本人期末绩效。

② 任课教师若未按规定及时整理试卷（按学生的成绩单顺序号排好，填写相关表单）并提交成绩单，造成不能查阅试卷的，将据实际情况确定教学事故等级。

（十三）实践教学管理规定

实践教学对于提高中职学生的综合素质与实践能力，培养创新精神有着理论教学不可替代的特殊作用，是中等职业学校实现人才培养目标的重要保证。为加强实践教学的管理和提高我校实践教学的质量，特制定本规定。

（1）实践教学的内容和任务。

我校的实践教学环节主要包括：实习、实验、实训和社会调查等方面。其基本目的是：学生通过实践教学环节，巩固已学的理论知识，掌握基本的专业实践知识和技能；同时，加深对社会、国情的了解，开阔视野，增强参与实际工作的能力。

（2）实践教学的组织管理。

在主管副校长的领导下，由教务科和各教学部相互配合，分工协作。教务科负责审定实践教学计划和制定指导性工作文件，协助各教学部建设实习基地，对实践教学环节进行检查、总结等。各教学部应根据本规定，制定本单位实践教学工作细则，并依据细则进行管理。其他职能部门要大力支持和提供方便，以保证实践教学工作的顺利进行。

（3）制定实践教学大纲。

各教学部要严格按照教学计划的要求，结合本部门的实际情况，组织长期参与实践教学工作、经验丰富的教师通过广泛的调查，制定实践教学大纲作为指导实践教学的基本依据。实践教学大纲的内容应包括：目的、要求和任务；内容与时间分配；方式、检查及纪律；对指导教师及学生的要求；考核方法与成绩评定；总结与鉴定。

（4）实践教学的准备工作。

各教学部要选派教学经验丰富，熟悉实践教学各个环节，有一定组织能力的教师指导实践教学。指导教师要组织学生学习实践教学大纲，向学生讲清实践的目的、要求及注意事项，帮助学生在思想上、业务上做好充分准备。

（5）实践教学的实施。

实践教学应贯彻学以致用、理论与实践相结合的原则，根据教学的需要和进程，将实践教学与课堂教学有机结合。各专业列入教学计划的外出实践教学课程，需向教务科提交相关报告，履行必需的审批手续；对低年级的学生，一般不安排难度较大的项目。

（6）实践教学的指导。

指导教师要认真负责，要定期检查学生实践教学的进展情况，对于实践期间出现的问题要及时予以指导，帮助学生解决问题。同时，要严格要求学生，对其不正确的思想、行为要及时予以批评、纠正。

（7）实践教学的注意事项。

各教学部组织学生外出参加各项实践教学活动，均应加强对学生进行交通安全和人身安全等方面的教育。对于未经批准私自安排学生外出参加实践活动而导致耽误课程的，应按学校相关规定追究有关人员的责任；发生安全事故的，还要追究当事人和各教学部领导的安全事故责任。

（8）实践教学的总结工作。

实践教学结束后，指导教师应对学生的学习质量、学习态度等方面进行全面的分析，评定考核成绩。同时，要总结经验，提出改进意见，并要求学生撰写实践报告。

（9）实践教学的材料归档。

指导教师要认真配合各教学部做好有关资料的整理、归档工作，以备检查。

（十四）校外实训（实习）管理

实训（实习）作为中等职业教育最重要的教学环节之一，是提高学生实践动手能力的关键，加强实训（实习）基地建设和管理，是充分利用实训（实习）场所、条件、环境为学生提供服务的手段，为了有效、计划、合理地利用实训（实习）基地，特制定实训（实习）

基地管理制度。

(1) 校外实训(实习)各部门工作。

学生企业实训(实习)的组织工作在主管副校长统一领导下,由各部部长、相关教师、教务科及合作办学企业协同完成。

① 教学副校长领导学生的校外实训(实习)工作,对校外实训(实习)全过程进行指导和检查。

② 各部部长和相关教师负责学生校外实训(实习)工作的组织和实施。

A. 依据实训(实习)科给定的校外实训(实习)教学大纲及实际条件,根据教学校历做出具体实训(实习)计划和实训(实习)经费预算,填报实训(实习)计划,申请经费,由教务科批准并报学校审核后执行。

B. 参加制订校外实训(实习)计划,做好各项实训(实习)准备工作。

C. 组织校外基地教师编写实训(实习)指导书,并根据项目开发的实际情况适时修订。

D. 认真执行校外实训(实习)计划,保证实训(实习)任务的完成。

E. 联系、落实校外实训(实习)基地,签订实训(实习)协议,逐步建立一批稳定的校外实训(实习)基地。

F. 选定企业优秀人员作为实训(实习)的指导教师,并认真组织好实训(实习)前的准备工作和对学生的动员工作。

G. 做好学生企业实训(实习)成绩的整理和实训(实习)工作总结。

③ 教务科对校外实训(实习)工作进行教学检查,管理实训(实习)成绩。

A. 按照专业培养计划制订实训(实习)教学大纲。明确实训(实习)的教学目的、实训(实习)内容、业务要求、时间安排和考核办法;

B. 审核企业实训（实习）计划；

C. 监督企业实训（实习）经费的使用；

D. 按照实训（实习）教学大纲开展检查工作；

E. 管理实训（实习）成绩。

（2）校外实训（实习）基地的选定与管理。

① 根据双方意向，对于有条件的实习单位，由各教学部相关专业老师考察实习单位的场所、设备、业务、工作状况，对于符合建立实践性教学条件和要求的实习单位，签订《校外实训（实习）基地协议书》，一般为3~5年。

② 实训（实习）基地的管理以《校外实训（实习）基地协议书》为依据，遵循平等、友好、协商、合作的原则，实行由学校与实习单位共同管理，以实习单位管理为主的模式。

③ 实训（实习）基地的管理与建设实行互访制，各系每学期由系主任牵头，派请相关人员调研实习项目，对实习场地、实习条件、实习内容更新等方面进行深入调研，向实习单位提供可行性调研结果。

④ 实训（实习）基地相关部门负责人根据单位业务工作状况，每学期来校了解专业建设及学生基本情况。在教学实践开始前至少一周可对学生进行考核，择优选择学生进行实习。

（3）校外实训（实习）领队和企业指导教师的职责。

① 全面关心学生的思想、纪律、生活和安全，加强对学生的安全教育，严格管理学生的考勤，对违纪学生及时进行教育，发现严重违纪等情况应及时汇报。

② 检查了解学生技术业务的情况，检查企业实训（实习）周记，解决学生在技术业务方面的疑难问题，指导学生写实训（实习）报告。

③ 组织实训（实习）考核，评定实训（实习）成绩。

④ 实训（实习）结束后，领队组织全体指导教师总结工作，写出书面报告，结清账目。将企业实训（实习）教学情况及企业实训

（实习）成绩交教务处存档。

（4）校外企业实训（实习）的准备工作。

① 校外实训（实习）开始前，实训（实习）指导教师根据实训（实习）大纲制订本次实训（实习）的实施计划，经主管副校长批准后执行。

实训（实习）计划应包括以下 6 项内容：

A. 实训（实习）单位及部门；

B. 实训（实习）内容和要求；

C. 实训（实习）的过程和时间安排；

D. 技术讲座的内容与时间安排；

E. 参观公司、工厂或车间的安排；

F. 校外实训（实习）经费预算。

② 校外实训（实习）准备工作包括以下 5 个方面：

A. 落实实训（实习）单位及部门；

B. 确定实训（实习）领队与落实由实训（实习）单位的技术人员担任的指导教师；

C. 编定、印发实训（实习）指导书；

D. 学生编组定岗，制订实训（实习）岗位轮换计划；

E. 解决校外实训（实习）劳保用品及交通伙食等问题。

③ 校外实训（实习）前要对学生进行动员，讲清企业实训（实习）的目的、意义、实训（实习）的内容和要求，宣布实训（实习）纪律，强调安全注意事项。

（5）对学生的要求。

① 按照实训（实习）教学大纲和实训（实习）实施计划规定的学习内容和实训（实习）任务，积极主动地学习业务知识和操作技能，按时完成实训（实习）报告。

② 遵守校外实训（实习）基地的各项规章制度，遵守劳动、工作纪律，按时出勤，有病有事要请假。请假时间超过实习总时间的三分之一，或无故缺勤三天以上者，实训（实习）成绩为不及格。实训

（实习）期间不能串岗，不能做与实训（实习）无关的事。

③ 尊重校外实训（实习）基地的技术人员与服务人员，听从他们的指导，虚心向他们学习。

④ 按企业规定穿着，注意安全，遵守操作规程，不擅动设备、电器等。

⑤ 爱护公物，节约水电，注意卫生，积极参加力所能及的公益劳动。

（6）校外实训（实习）考核及成绩的评定。

① 校外实训（实习）不得免修，成绩不及格者，在校期间需重修。

② 学生完成全部实训（实习）任务，写出实训（实习）报告，方可参加实训（实习）考核。校外实训（实习）指导教师组成考核小组，对学生进行个别考核。考核内容应以实训（实习）教学大纲为依据。

③ 实训（实习）成绩根据学生的实训（实习）报告、考核成绩和实习表现评定，采用优、良、中、及格、不及格五级记分制。评定实训（实习）成绩要以企业实训（实习）基地为主。实训（实习）结束后，应及时将实训（实习）成绩和学生的实训（实习）报告送交教务科。

评定实训（实习）成绩的标准是：

优：完成实训（实习）的全部内容，实训（实习）报告有非常丰富的实际材料，能运用所学知识对实训（实习）内容进行较好的总结和分析，考核时能比较圆满地回答问题。实训（实习）表现优秀。

良：完成实训（实习）的全部内容，实训（实习）报告中有比较丰富的实际材料，对所学知识有所运用，考核时能比较圆满地回答问题。实训（实习）表现良好。

中：完成实训（实习）的全部内容，实训（实习）报告中对实训（实习）内容有较全面的总结，考核时能正确回答主要问题。实训（实习）中无违纪行为。

及格：完成实训（实习）的基本内容，实训（实习）报告内容基本正确，但不够完整系统，考核时基本上能回答主要问题，但有某些错误。实训（实习）中有违纪现象，经教育能改正。

不及格：未完成实训（实习）的基本内容，实训（实习）报告中有明显的错误，考核时不能回答主要问题，或有原则性错误。实训（实习）中有严重违纪现象且不接受教育。

（7）实训（实习）工作总结。

实训（实习）工作结束后，要及时总结。总结工作在实训（实习）后两周内完成。

第七节　加强职业教育科研工作

一、科研工作的意义及涵义

科研工作是职业学校建设与发展的顾问和参谋，是职业学校决策的依据。做好职业学校的科研工作可以推动学校健康地向前发展、准确定位学校的发展方向、科学而理性地设置专业、促进教师的专业成长、加快教育教学改革、规范学校各项管理、推动学生的招收与就业、提高培养人才质量等方面，起着举足轻重的作用。

什么是职业教育科研工作？我们认为，对广西边境县级职业学校来说，每位教师在自己负责的工作范围内，积极发现在学校的办学方向、专业设置及调整、课程设置及改革、教学模式方法、教师专业成长、学生管理、班级管理、招生就业、政校企合作等方面遇到的问题，并组织同类教师，成立研讨团队，发挥集体智慧的力量，提炼出遇到的问题，分析存在问题的原因，最后提出解决问题的方法、思路及措施。这就是大家常常谈到的职业教育教学科研工作。

职业教育的发展会遇到很多问题，广西边境县级职业学校遇到的问题更多、更严重。纵观全国各地的职业学校，办学规模大、质量高、就业好、效益良的职业学校，都非常注重学校的教育教学科研工作，把“科研兴校”摆在学校工作的重要位置，切切实实、脚踏实地地开展职业教育的科研工作，充分发挥科研工作在学校发展中的参谋、引领作用。

广西边境职业学校的教师应该克服对科研工作的畏难思想。教育科研工作过程就是解决我们在学校的教育教学工作遇到的问题的过程。在实际工作中，广西边境职业学校的教师往往有这样的误解：能获得国家、自治区、市教育部门和教科所等立项的项目，才算是科研工作。其实，我们的很多日常工作过程就是科研，只不过我们的教师没有意识到这是科研工作而已。比如，一位刚刚入职的教师，在担任班主任工作时，为了把班级打造成团结、拼搏、向上、友好、合作、尊师、守纪、文明的班集体，经过了积极认真的思考，制订了各种有针对性的计划、制度、措施，采取了各种各样的方法，引导了班级学生向既定目标努力前进，并且在执行的过程中，根据具体取得的成效，不断调整各种方案和思路，以达到理想目标。这就是对班级管理的一种教育研究。又比如，一位教师在担任一门学科的教学工作时，为了让所教的学生掌握学科的知识与技能，就会去分析学生学习、心理等现状，梳理学科教学内容，了解该专业学生就业岗位的能力要求，同时根据学校的教学条件，制订切实可行的授课计划，并根据学生的学习情况及时调整教学计划，谋求教学效果最大化，这也是一种教学的科研工作。当然，如果我们通过申请科研项目，获得国家级、区级的科研立项，有专项经费的支持，科研工作就会如虎添翼了。

二、边境职业学校科研的重点内容

广西边境职业学校的科研工作重点是什么？一是学校的校级领导配备问题，德能兼备是必须的，“德”的要求应与一般的领导干部一致，“能”的方面就非常值得我们思考了，特别是政府的教育职能部门需要积极去探讨；二是县域经济与专业设置的关系问题，7 所广西边境县级职业学校中，至少还有 5 所职业学校没有找到学校的办学方向，原因就在于学校在开设专业时，对县域经济研究不透彻，专业设置盲目跟风，学校发展定位不清，发展方向不明；三是教育教学改革问题，人才培养模式、课程内容、岗位能力、课堂教学模式、评价方法等，都要通过研究改革，才能改变边境职业学校教学质量低下的状况；四是招生、管理、就业问题，边境职业学校招生难、管理难、流失多、就业渠道少的问题如何解决，这一问题值得探讨；五是关于学校在人事、专业、课程、薪酬分配等自主权的研究；六是教育投入与教育公平问题，边境职业学校的教学设施、设备落后、专业教师缺乏的原因都是什么？国家、政府是否了解？

三、激发边境职业学校科研工作的措施

广西边境职业学校应该重视学校的科研工作。一是设立专门科研机构，如科研处，并配备科研能力强的班子，据统计，至今广西边境职业学校还有 4 所学校没有设立专门科研机构；二是制定学校科研制度，明确教师的责任和权利，提出任务，层层分解落实，奖惩分明，激发教师科研热情与积极性；三是实行绩效、职称、晋升与科研成果挂钩；四是学校要投入足够的科研经费，在有限的办学经费中优先考虑科研，因为科研可以解决学校的生存发展问题，这至关重要。

四、积极开展课题研究

广西边境县级职业学校如何开展课题研究？边境职业学校一般都设有科研处，科研处下设教研组，教研组里的组员是以一个专业的老师或相似科目的任教教师来组成的，由于边境职业学校规模不大，同专业的老师数量很少，要开展一个专业的科研工作有时还真的很不容易：能把科研工作做起来的边境职业学校，科研处一般都是由事业心很强的教师来维持；能担当课题负责人的一般是学校中层以上并且是在教学科研岗位上工作过的老师，因为课题负责人要接受过专家的培训引领，要有一定的科研理论修养，没有经过培训就能担当课题负责人的老师很少，在边境职业学校几乎没有，在边境职业学校里能获得科研方面培训的，一般是中层以上的教师。

在广西边境职业学校的课题研究中，没有设立校级和县级课题，一般设有地市级课题，再上一步就是区教育厅和教科所设立的省级课

题了。边境职业学校的教师开展课题研究的目的有如下几个：一是对边境职业学校的专业发展方面进行研究；二是对教育教学中遇到的实际问题展开研究；三是为了申报职称而结合学校实际开展的课题研究，这一类型的课题占有比较大的比重。

下面是三个曾获得自治区教育厅职业教育教学改革立项的课题。课题一是获得了2012年度广西中等职业教育教学改革一级立项课题；课题二是获得了2010年度广西中等职业教育教学改革三级立项的课题；课题三是获得了2013年度广西中等职业教育教学改革三级立项的课题。在此，我们把三个课题的申报书摘录如下，从中我们可以看到广西边境县级职业学校科研的大致情况。

课题一：广西边境地区中职学校红木家具鉴赏与营销专业的实践探索

（凭祥职业学校科研处主任何华禄　执笔）

一、项目选题背景和价值

（一）课题研究的背景

（1）广西壮族自治区地处祖国南部，其西南部与越南毗邻，是我国通往东南亚国家的最便捷的通道。广西在红木家具产业链中，毗连着原料产地国，如越南、老挝、柬埔寨、泰国、缅甸等，在红木原料进口方面有着得天独厚的优势。

（2）随着东盟博览会永久落户于广西南宁市，中国-东盟自由贸易区得到深入发展，中越两国的经济贸易往来持续升温，广西边境县作为红木原料集散地得到了不断地强化。因此，在广西边境地区应如何做好红木家具这个产业，我们中职学校对此应做出积极思考。

（3）广西边境地区的凭祥市和东兴市是连接东盟的国际大通道，区位优势突出，各地商家云集于此。特别是自从20世纪90年代以来，我国实行原木进口“零关税”政策后，东南亚国家及热带非洲的红木不断从凭祥和东兴口岸进入我国市场。目前，凭祥市和东兴市有红木家具厂、红木工艺品加工店、红木家具展销店等共三千多家，我们要把握好整个红木产业发展的势态，实现边境区域产业品牌的战略目标。

（4）当前人们对红木的鉴赏能力比较有限，成品制造、加工艺术、营销渠道和服务质量滞后，这些问题严重制约着我区红木产业的发展。

（二）课题研究的价值意义

（1）广西边境地区共有7个县（市、区），7所中等职业技术学校，在校生近5 000人。他们是一支掌握着先进的生产技术的劳动力新军，是推动广西边境地区经济和社会发展、科技进步的有生力量。

（2）凭祥职业学校要立足于当地经济发展的需要，因地制宜，开展跨国联合办学活动，先后与越南河内大学、河内国家大学、胡志明市国家大学、海防大学、谅山省高等师范专科学校和泰国亚洲商业学院联合办学。学校开设有商务越语、酒店服务与管理、现代物流管理、红木家具鉴赏与营销等专业，带动了边境地区红木企业的发展。边境地区中职学校应如何充分发挥自己的优势，抓住机遇，加快特色专业建设、精品课程的开发和实施，以满足边境地区的市场经济需求，推动边境地区职业教育的发展，是当下边境地区职业教育工作者的研究课题。

（3）红木古典家具是中国优秀传统文化的重要载体，具有历史感和厚重感，是一种文化价值较高的艺术商品。红木企业前几年的红火场面与现在的生意冷清、门可罗雀的寒冬局面形成的鲜明对比，可谓是冰火两重天。新的竞争者不断涌入，竞争加剧，未来经济形势复杂难测、充满不确定性，红木企业该何去何从？与其在逆境中踌躇彷徨，不如选择蓄势待发，搏击市场，快速提升营销实战能力，实现业绩突破。

二、研究预期目标

（1）通过红木家具鉴赏与营销专业教与学的探索，培养大批红木企业创业者、红木营销主力军，为广西边境地区红木产业的发展做出贡献。

（2）通过新专业的实践开发，提高中职教师的理论水平和科研能力，推动边境地区职业教育的发展。

三、研究主要内容

（1）课程设置的研究。

① 红木家具的起源、历史文化及发展趋势。

② 红木的基本名词及基础知识。

③ 红木家具的主要流派及特点。

④ 红木家具的生产工艺流程。

⑤ 红木家具的风格鉴赏与品质鉴赏。

⑥ 如何根据客户消费阶层介绍红木文化知识。

⑦ 成功销售的心态调整。

⑧ 绝对成交的十大步骤。

⑨ 实战一对一销售演练。

⑩ 如何成为红木销售冠军。

⑪ 核心团队的建设。

（2）红木家具鉴赏与营销专业的“教学原则、方法与途径、实施策略”的研究。

（3）教学目标的研究。

如何打造一批优秀的红木企业老板、红木店长和红木导购员，为边境地区红木产业的发展做出积极的贡献

（4）广西“十二五”红木产业发展状况的研究。

四、项目实施的思路与方法

（1）课题研究思路：全员参与，校企合作，坚持实践性原则，着眼过程，注重发展，重视操作，强调行动性、开放性、与生成性。通过调研、分析、走访等方式掌握中职毕业生的就业情况，并以此为依据写出阶段性成果。

（2）课题研究方法：本课题研究的是一个新发展中的专业，有关这方面的研究内容借鉴尚为有限，我们将以红木产业比较发达的凭祥市和东兴市的中职学校作为研究对象，采用文献研究法、调查研究法、个案分析法、对比研究法和经验总结法，结合边境地区各县市的实际情况，进行实践研究。

五、项目实施的方案和进度

（1）准备阶段：（2012 年 3 月至 4 月）成立课题研究小组，学习红木文化的理论知识，制定相应的研究方案和实施计划，分工负责。

（2）调查阶段：（2012 年 5 月至 8 月）进行市场调查，深入凭祥和东兴两市红木市场了解人才培养的需求，掌握红木产业发展趋势，分析论证，确定培养目标。

（3）实施阶段：（2012 年 9 月至 2014 年 1 月）

① 制定培养目标，明确培养模式。

② 制订详细、科学的教学计划。

③ 结合边境地区红木产业发展实际，科学合理地设置课程。

④ 大胆创新教学内容和教学模式。

⑤ 学校将聘请中国最年轻最有激情的实战营销专家、国际成功激励大师、企业团队教练曾祥山先生到学校讲课。

⑥ 加强与企业联系，拓宽“校企联合办学”的渠道。将凭祥南山王朝红木市场及清宝阁红木市场作为学生的校外实训基地，形成“全方位合作、全过程参与、多层次推进”的校企合作模式。

⑦ 对学生所学的知识技能进行全方位的检测和评估，推荐毕业生到红木市场就业。

⑧ 跟踪服务，反馈信息，科学决策，及时解决。

（4）结题阶段：（2014 年 2 月至 3 月）整理研究材料，总结研究经验，成果，撰写结题报告、论文，编写《红木家具鉴赏培训教程》《红木家具营销培训教程》等培训教材。

六、项目实施的保障条件（含人员、经费）

（1）课题研究组成员大部分是学校领导和骨干教师，具有较高的教育理论水平和较强的教育科研能力，责任心强，参与研究课题的积极性高。

（2）本课题研究时间为两年，课题研究组每月进行一次专题研讨活动，每个季度进行一次阶段性的课题研究总结。学校科研处要及时了解课题研究的进展情况，如有困难，及时帮助解决。

（3）学校将聘请中国营销专家、国际成功激励大师、企业团队教练曾祥山先生到学校讲课。

（4）学校与凭祥市南山王朝红木市场及清宝阁红木市场签订了联合办学协议，成为我校的校外实训基地，为我校学生实习、就业提供了保障。

（5）三年职教攻坚，政府加强了对学校硬件设施的投入，学校现拥有十间多媒体教室、五间网络教室以及一间标准的电子图书室，新增了三万多册图书，每位教师配备了台式电脑，为课题研究提供了方便。

（6）学校根据相关的科研教改奖励机制为课题组提供所需的经费。

七、成果形式

（1）项目实施报告《广西边境地区中职学校红木家具鉴赏与营销专业的开发与建设》。

（2）系列教材《红木家具鉴赏培训教程》《红木家具营销培训教程》。

（3）实践教学基地：学校与凭祥较大的南山王朝红木市场及清宝阁红木市场建立校企合作办学。

（4）论文《广西边境地区中职学校红木家具鉴赏与营销专业的实践探索》。

课题二：面向东盟就业的中职计算机应用基础课程改革研究

一、教改项目名称及主持人

教改项目名称及主持人情况如表3-3所示。

表3-3 教改项目名称及主持人情况

项目名称	面向东盟就业的中职计算机应用基础课程改革研究					
申报单位	凭祥市东南亚外语学校					
项目主持人姓名	陆锡耀			联系电话		13036913004
				电子信箱		Lxy1898@ 163. com
项目主持人有关资料	学历	性别	年龄	职称	职务	毕业院校及专业
	本科	男	41	中教一级	教师	广西民族学院化学教育专业
项目主持人现从事的主要工作	学校教育教学管理，《计算机应用基础》教学					
项目主持人已取得的与申请项目相关的主要工作成绩	1. 2010年6月在国家级期刊《中国科教创新导刊》上发表论文《面向东盟就业的中职计算机应用基础技能培养探讨》； 2. 本人主持的课题《面向东盟就业的广西边境职业学校计算机应用基础技能培养研究》，2006年获市级立项，并于2009年9月获结题证书； 3. 2007年，本人作为副主编，策划和组织实施编写校本教材《越南语听力》，并在我校2007级、2008级商务外语（越语）专业学生中试用，2009年正式在全校商务外语（越语）专业使用； 4. 本人参与的课题《广西边境地区中职毕业生就业模式研究》，2006年获市级立项，并于2009年9月获结题证书； 5. 荣获凭祥市2009年秋季学期期末文化素质检测成绩一等奖、2008年春季学期期末文化素质检测成绩一等奖、2007年春季学期期末文化素质检测成绩一等奖、2006年春季学期期末文化素质检测成绩二等奖					

二、教育教学改革项目参与人员

教育教学改革项目参与人员简介如表 3-4 所示。

表 3-4 教育教学改革项目参与人员简介

序号	姓名	性别	年龄	学历	职称	毕业院校及专业	近期取得的与申报项目相关的主要成绩
1	余丽珍	女	42	本科	中一	广西职业技术学院计算机专业	参与课题《面向东盟就业的广西边境职业学校计算机应用基础技能培养研究》获得 2006 年市级立项，并于 2009 年 9 月结题
2	黄开泽	男	36	本科	中二	广西工学院计算机专业	参与课题《面向东盟就业的广西边境职业学校计算机应用基础技能培养研究》获得 2006 年市级立项，并于 2009 年 9 月结题
3	郑瑾瑜	女	48	本科	中一	广西师范大学物理专业	参与课题《面向东盟就业的广西边境职业学校计算机应用基础技能培养研究》获得 2006 年市级立项，并于 2009 年 9 月结题
4	何惠阳	男	32	本科	中二	南宁师范学院网络工程专业	参与课题《面向东盟就业的广西边境职业学校计算机应用基础技能培养研究》获得 2006 年市级立项，并于 2009 年 9 月结题
5	郭妞娜	女	28	本科		广西民族大学越南语专业	论文《中等职业学校越南语教学之我见》获 2009 年凭祥市教育教学论文评比三等奖

三、教育教学改革方案

教育教学改革方案如表 3-5 所示。

表 3-5 教育教学改革方案

项目的实施对象	我校 2010、2011 级商务外语（越语）专业学生
项目实施的起止日期	2010 年 07 月至 2013 年 07 月
预期目标	形成面向东盟（越南）就业的《计算机应用基础》教材，并在我校商务外语（越语）专业教学中使用，解决我校商务外语（越语）毕业生就业东盟（越南）时计算机使用适应期长的问题
主要内容	一、制定面向东盟（越南）就业的《计算机应用基础》教学大纲； 二、确定面向东盟（越南）就业的《计算机应用基础》教材内容； 在陈露晓、戴启荣编写的《计算机应用基础》教材基础上： 1. 文字录入、文字处理方面，除了常规的中、英文录入之外，要增加越文录入、处理越文技能内容，包括越文输入法的查找、安装、设置、使用等。 2. 操作系统 Windows，增加英文操作系统 Windows 的安装、操作、卸载内容。包括安装越文字体包等知识与技能。 3. 提高使用 Word、Excel、Powerpoint 的技能要求，如 Word 中的邮件合并功能、Excel 在会计领域应用的相关内容等。英文版的 Word、Excel、Powerpoint 安装、卸载、操作知识和技能。 4. 用中、英、越文在互联网上交流、获取、发布、处理信息。 5. 用中、英、越文处理报关和报检的格式文件。 三、编写面向东盟（越南）就业的《计算机应用基础》教材； 四、实施面向东盟（越南）就业的《计算机应用基础》教材； 五、评价与调整面向东盟（越南）就业的《计算机应用基础》教材
项目实施的方案和进度	第一阶段（2010.07—2011.07） 制定教学大纲、选定教材内容、编写教材； 第二阶段（2011.08—2012.08） 实施面向东盟（越南）就业的《计算机应用基础》教材； 第三阶段（2012.08—2013.01） 评价、调整面向东盟（越南）就业的《计算机应用基础》教材；

续表

项目实施的方案和进度	第四阶段（2013.02—2013.07） 形成面向东盟（越南）就业的《计算机应用基础》教材成果
项目实施的保障条件（含人员、经费）	项目组人员均为任教我校商务外语（越语）专业《计算机应用基础》的教师，具有扎实的业务理论知识和技能，都在教学第一线，教学经验丰富，2009年共同完成了崇左市级课题《面向东盟就业的广西边境职业学校计算机应用基础技能培养研究》研究工作，有能力、有时间开展研究，我市和我校有支持教育教学课题研究制度，能提供足够的经费开展工作
成果形式	□项目研究报告　☑系列教材　□实践教学基地（含技能教室或专业教室等） □教学管理制度　□人才培养方案　□教学软件 □论文　□专著　□其他： （注：请在相应成果复选框内打"√"，并请具体说明）
	具体说明： 分为四大模块编写教材，每个模块形成一册。 第一册为文字录入处理； 第二册为 Windows 操作系统； 第三册为微软办公软件； 第四册为互联网知识与报关和报检的格式文件等

课题三：动画制作课程改革实践探索

一、教改项目名称及主持人情况

教改项目名称及主持人情况如表 3-6 所示。

表 3-6　教改项目名称及主持人情况

<table>
<tr><td>项目名称</td><td colspan="6">动画制作课程改革实践探索</td></tr>
<tr><td>申报单位</td><td colspan="6">靖西县职业技术学校</td></tr>
<tr><td rowspan="2">项目主持人
姓　名</td><td colspan="3" rowspan="2">宋会群</td><td colspan="2">联系电话</td><td>13097868120</td></tr>
<tr><td colspan="2">电子信箱</td><td>Song65325@ 163. com</td></tr>
<tr><td rowspan="2">项目主持人
有关资料</td><td>学历</td><td>性别</td><td>年龄</td><td>职称</td><td>职务</td><td>毕业院校及专业</td></tr>
<tr><td>本科</td><td>男</td><td>45</td><td>中学
一级
教师</td><td>教师</td><td>广西工学院计算机科学与技术专业</td></tr>
<tr><td>项目主持人
现从事的
主要工作</td><td colspan="6">1. 学校教学、科研、招生录取、德育、助学管理。
2. 计算机应用专业骨干教师。
3. 教育技术应用能力培训县级主讲教师。
4. 百色市公共资源招标投标专家库专家。
5. 国家职业技能鉴定计算机操作员考评员</td></tr>
<tr><td>项目主持人
已取得的与
申请项目
相关的
主要工作
成绩</td><td colspan="6">1. 分管学校教学、科研、招生、德育、助学工作，工作成绩突出。
2. 连续几年参与申报了三个区级课题，其中《中职学校毕业生就业对口率问题探索与研究》课题被区教育厅认定为 2010 年度中等职业教育教学改革二级立项项目。
3. 2011 年以来，有一篇论文在《现代阅读》发表，一篇在《广西教育》发表；有两篇论文在百色教育网发表；有两篇论文获省级论文评比二等奖；有三篇论文获省级论文评比三等奖。
4. 个人在教学工作上具有很强的事业心和责任感，连续多年年度考核评为优秀。个人多次获学生技能竞赛指导二、三等奖</td></tr>
</table>

二、教育教学改革项目参与人员简介

教育教学改革项目参与人员简介如表 3-7 所示。

表 3-7 教育教学改革项目参与人员简介

序号	姓名	性别	年龄	学历	职称	毕业院校及专业	近期取得的与申报项目相关的主要成绩
1	闭日贡	男	47	本科	中学一级	广西教育学院中文系	1. 从事计算机应用专业教学多年，有丰富的专业教学经验。 2. 多次指导学生参加自治区、百色市中职学生技能竞赛，并获得多种奖项。 3. 参加中职计算机应用专业教材《计算机应用基础》、《Flash cs3 二维动画制作案例教程》编写，已由科学出版社出版。 4. 专业教学论文《中职学校 Flash 动画制作教学方法初探》在《广西教育》杂志发表
2	辛红	女	38	本科	讲师	广西师范学院计算机科学与技术	1. 担任计算机教学工作，工作认真，成绩显著，得到领导和同事们的认可。 2. 教学论文在《广西教育》、《百色教育》各发表一篇；论文获省级论文评比三等奖 2 次。 3. 多次获得学生技能竞赛指导一、三等奖
3	黄芸娜	女	28	本科	助理讲师	广西师范大学教育技术学	1. 担任班主任和计算机教学工作，工作认真负责，成绩显著，得到领导和同事们的认可。 2. 指导学生技能方面：指导的学生参加区级中职学生技能竞赛，

续表

序号	姓名	性别	年龄	学历	职称	毕业院校及专业	近期取得的与申报项目相关的主要成绩
3	黄芸娜	女	28	本科	助理讲师	广西师范大学教育技术学	动画制作项目，参赛的2名学生获得二等奖。 3. 2010年被评为县级优秀教师、市级优秀教师

三、教育教学改革方案

教育教学改革方案如表3-8所示。

表3-8 教育教学改革方案

项目的实施对象	计算机应用专业学生
项目实施的起止日期	2013年9月至2015年8月
项目选题背景和价值	项目选题背景： 随着信息技术飞速发展变化，计算机应用专业在课程目标、内容与体系、教学方法与手段方面相对滞后，中职毕业生难以适应社会需求。为此应该对专业教学进行改革更新，建立以职业能力为核心的课程考核标准，以适应时代发展的要求。 项目选题价值： 通过对专业品牌课程教学模式创新、改革教学方法和手段、促进优质教学资源开发利用等方式，全面提高中职人才培养的质量
预期目标	通过本项目的实施，对专业课程目标、内容与体系、教学方法与手段方面进行改革更新，建立以职业能力为核心的课程考核标准，教学效果显著并具有辐射带动作用
主要内容	本课题主要目标是通过教学模式创新，对教学内容、方法和手段的改革，把动画片制作建成品牌课程，形成课程资源库；依据企业人才需求确定专业人才培养目标，通过融入职业资格标准，对接国际标准，体现中高衔接，与行业企业联合开发建设涵盖教学设计、教学实施、教学评价的数字化专业教学资源库。

续表

主要内容	所形成课程资源库主要包含课程标准、授课计划、课程考核方案与试题库、全套教案、全套课件，以及数字化教学资料、习题库等几个部分。 所建立的教学资源库主要包含专业介绍、人才培养方案、教学环境、网络课程、培训项目、测评系统等内容。 一、主要包含的内容有： 1. 习题库、试题库。 通过整理收集现有课程题目资料，将题目按章节、题型分目录存放，以便入库。整理后的题库是常见格式的文档，如 Word 格式，题库中的题目内容若包含图片，注意图片清晰度要够好，为了方便今后进行在线作业、在线测试，在进行题目汇总时，可将难度系数一并设置好。 2. 媒体素材库。 包含文档、图片、视频、动画等大量的各种媒体素材，主要手段为多媒体，形式有 flash 动画演示、部件实例、影像资料、部件爆炸图、矢量图等。内容为企业生产工具、生产对象、生产场景、校内教学条件等图片；企业生产过程、学生实训、课堂教学等音视频；工作原理、工作过程、内部结构等动画等。 3. 课件库。 包括多媒体课件、网络课程等，可为搜集提供便捷。 4. 文献资料库。 教学文献资料包含的范围比较广，主要为一些积累的经验材料，如课程标准、授课计划、课程考核方案、教案、教学方法、教学手段、教学研究论文、教学小结、教材、参考文献等材料，还有相关行业职业标准、技术标准、业务流程、作业规范等资讯信息，方便教师查阅和参考。 5. 资源协作开发平台。 二、采用 Web2.0 中的 Wiki 技术构建师生共创共建的资源协作开发平台，实现资源的原创性及可持续性。 拟解决的关键问题包括： 1. 各个课程相关教学资料的收集和准备。

续表

主要内容	2. 主要教学内容及媒体的选择，根据教学目标的要求确立了本课程的主要教学内容，其知识点的具体媒体表现形式也形式多样。 3. 各类资源的整理及制作。 4. 教学资源库支撑平台的设计与开发
项目实施的思路与方法	1. 对前期动画片制作课程的教学情况进行系统的总结，分析存在的问题和缺陷。 2. 根据课题组成员的专长和近年来承担的教学任务，将研究任务分配给每个成员。 3. 课题组成员分别进行教学资源的收集和准备。 4. 主要教学内容及媒体的选择。 5. 教学资源库支撑平台的设计与开发。 6. 各类资源的整理及制作，包括制作课程全部内容的 PPT 课件，将教学大纲、教案等转换为 PDF 格式发布到课程网站等
项目实施的方案和进度	一、方案： 1. 建立项目实施团队，发挥专业教师协作精神。 2. 制定项目实施方案，编制阶段工作计划。 3. 定期进行项目工作检查督导，确保项目按计划实施。 二、进度： 1. 2013 年 9 月-2013 年 12 月，制定课程标准、授课方案。 2. 2014 年 1 月-2015 年 3 月，制定课程考核方案与试题库，编写全套教案、课件。 3. 2015 年 3 月-8 月，形成数字化教学资料、习题库等课程资源。 4. 2015 年 8 月-11 月，项目评估验收
项目实施的保障条件（含人员、经费）	1. 课题组成员均是《动画制作》课程的一线执教者，经验丰富，责任心强，有较强的科研能力。 2. 本校开设的计算机应用专业，每届都能招收一个班的学生，为研究提供载体。 3. 学校有足够的计算机教学设备，为课题研究提供基础。 4. 学校制定课题管理条例，为立项课题提供专项经费支持

续表

成果形式	□项目实施报告 ☑系列教材 □实践教学基地（含技能教室或专业教室等） □教学管理制度 ☑人才培养方案 □教学软件 ☑论文 □专著 □其他： （注：请在相应成果复选框内打“√”，并请具体说明）
	具体说明：

五、边境职业学校科研管理制度

广西边境县级职业学校为了引导教师积极参与教科研工作，从指导思想、组织管理到具体的执行过程，制定了一套比较完善的科研管理制度，有力地促进了边境职业学校的教科研工作。

（一）指导思想

为加强和完善学校教科研工作，使学校的教科研工作规范化、制度化、科学化，进一步提高学校的教育教学质量，较好地实现让教科研为教育教学改革服务、为教师的专业化成长服务、为学生的发展服务的目标。

（二）组织领导

（1）学校教务科在校长领导下负责学校教育科研的组织、指导、管理、协调工作，教学副校长和德育副校长具体负责教学部的具体落实，并由教学部部长负责统一安排。

（2）为了加强教学研究，发扬集体优势，树立研讨之风，学校各教学部成立了学科教研组，各学科教研组设组长一人，负责本教研组的教学教研和日常工作。

（3）各学科教研组可分年级成立学科集体备课组，各集体备课组设组长一人，负责本小组的集体备课和教学教研活动，并配合学科教研组长做好教研工作。

（三）学科教研组长职责

学科教研组长负责本组的学科教学和教研工作。

（1）开学一周内，制订出本组学科教学研究计划。学期或学年结束后写出学科教学研究总结。

（2）组织骨干教师对新教师进行帮教活动，会同学校有关部门参与新教师培训活动。

（3）组织本学科教学教研活动、竞赛活动。

（4）经常深入课堂听课，经常组织教师参加教学研究活动（每周一次）。

（5）对学科教学存在突出问题的教师，向教务科提出调整或解聘建议；对优秀的教师和典型的教学经验报请教务科表彰、推广。

（四）教研活动

（1）开学一周内，由教学部长及备课组长主持制订教研计划。教研计划包括指导思想、教研重点、教改课题和各项活动的内容及形式等，要定人员、定地点、定时间，坚持按计划开展教研活动，并做出详细记录。期末，教学部长完成教研活动总结。计划、总结在规定的时间内分别报送教学部及教务科。

（2）每周三有两节课是学校统一安排的教研活动时间。

（3）每次活动都要有充分的准备，主题明确、计划周密，有中心发言人，记录详细、总结及时，每位教师都要做好教研活动记录。

（4）教研活动要有严明的纪律和要求，组长应做好考勤，教师不得随便请假，确保全员参加，严禁无故迟到早退。教务科要经常到各教学部的各教研组参加教研活动。

（5）全体教师在教研活动中都要积极参与、踊跃发言、认真记录，及时写出心得体会和小结，使教研活动落到实处。

（6）每位教师每学期至少要读一本教育教学理论专著，并做好读书笔记。

（五）听课评课

（1）实行课堂开放制度，任何人不得以任何理由拒绝校内人员或上级领导及来宾进入课堂听课。

（2）各教研组要组织好教师听课活动，听课不能集中于少数人、集中于某段时间，要使每个人都经常听课、被听课。一般每周都要有听课活动。

（3）每学期安排2~3次校级公开课，邀请校内教师听课，要安排好时间、地点、内容和执教教师。学校鼓励非教学人员进课堂听课，以了解我校的教学情况，宣传我校的教学实力。

（4）实行“推门听课”制度。推门听课是对教学进行针对性调研、指导的重要途径。

（5）实行学校领导听课制度。学校领导要深入课堂，了解课堂教学及教学改革情况，从而指导课堂教学并促进教学改革健康发展。

（6）学校举行的公开课或观摩课，应由专人负责召集听课教师评课，并认真做好评课纪录。

（7）学校要对学科教研组长、备课组长及任课教师的听评课进行定期检查和不定期抽查。

（六）课题研究

（1）根据学校办学目标和办学特色，参照学校教改项目，规划学校课题。教学部和教师个体，要根据学校总课题及各自教学特色，落实研究项目，确立课题，加以实施，力争被学校教科研室或上级单位命名为重点课题。

（2）完善教科研工作会议制度，每月举行一次教科研室例会，每两月召集一次课题组长会议，加强学校教科研网络的联系和管理。每学期制订好教科研工作计划，并纳入学校整体工作计划，定期分析研究学校教科研工作情况。

（3）加强学校教科研课题管理。完善重点课题的课题网络，一旦被确定为重点课题，须经过“立题、计划、论证、实施、鉴定、总结”教科研全过程。教科研室要对课题进行定期检查，交流计划的实施情况，使课题管理规范化。

（4）教科研室要组织教师学习教育理论或教育科研方法。请有关专家进行评论并给予实践指导。学校应为教师提供外出学习的机会。

（5）教科研室要加强对课题研究的指导和实践过程的评价，以及相关资料的梳理。定期组织教师进行教学沙龙活动，指导教师进行有效的教育教学实践与反思。研究者要注意对研究过程的信息和资料的积累、分析，及时进行反思总结和调整改进。

（6）承担课题计入工作量并列入年终考核项目制度。学校把开展教育科学研究列入评选优秀教学部的必备条件。科研出成果、经验总结被发表或获奖者，将予以奖励。

（7）增加教科研成果推广意识，及时推荐教师的教育科研成果参加各类研讨活动，使教科研成果拥有更大的效益。学校会定期介绍教育科研信息，鼓励教师在实践中推广较为成熟的研究成果。

（8）每学期至少要举办一次优秀教科研成果（包括教案、课件等）评选。

（七）教研论文

教师要积极学习先进教育理论，更新专业知识，同时善于研究教育教学现象，不断改进教育教学方法，提高教育教学的效果，每一教学周期（轮）结束，要撰写一篇教育教学心得（体会），每学年撰写一篇教育教学论文。

（八）奖励制度

（1）教育、教学科研奖分为教育科研、教学科研、科技活动、技术等级考核指导四个项目，根据平时的考核材料，评出等级，汇总校长室发放奖金。

（2）凡在校外获教科研奖及论文奖者（含论文发表获取稿费）均根据学校内改方案条例，给予重复奖励。

（3）试行教科研“一票否决制”。

注：主要指在职称评定、职务晋升和评优评先工作方面采用一票否决制度。

（4）教师参加培训、进修，完成第二专业或研究生课程教育的，应根据学校内改方案，针对其学习费用给予适当补贴。

(5) 指导学生参加各项竞赛活动获奖，指导教师可给予奖励。

(6) 指导学生参加各级技术等级考核，成绩显著，指导教师可给予奖励。

第八节 加强学生管理，提高人才质量

广西边境县级职业学校学生管理工作一直存在问题。由于学校办学规模上不去，学生人数少，学校的人气不足，沾染不良习性的学生所占比例大，反复性强，造成了学生管理工作量大、重复多、难度高、烦琐，在短期内不容易取得良好效果的局面。广西边境职业学校对学生的管理不够规范，管理的力度不够强，管理的措施不够得力，有学生管理制度但执行不严，投入学生管理的人力、物力、财力、精力不足，最终致使学生管理水平、能力提升不起来，进而影响学生的培养质量。

一、加强学生管理的措施

要提高边境职业学校的人才培养质量，必须要加强学生的管理工作。

(一) 配备高水平的学生管理队伍

管理队伍由分管领导、政教处（学工处）、班主任、团委、任课教师、学生会等人员构成。管理队伍中人员应具备良好的思想品德、高度的责任心、深厚的教育理论政策素养、先进的育人理念；分管领导要起到主导、指导、督导作用；政教处要做好制订计划（制度）、组织落实、检查反馈、改进提高等工作；班主任、团委做好组织、执行等工作；任课教师、学生会做好协助工作，形成人人参与学生管理的良好氛围。

(二) 制定全面的学生管理制度

制定全面的学生管理制度并严格执行，包括学生的礼仪规则、课堂规则、宿舍管理规则、责任卫生规则、集队会操规则、学籍管理规则等，用规则来规范学生的言行举止，引导学生形成良好的生活、学

习、工作习惯，坚持不懈、持之以恒地狠抓落实，把学生管理由强制性行为转化为学生的自主自觉发展行为。

（三）制定学生管理的激励机制

制定学生管理的激励机制，奖勤罚懒、奖能罚庸，树立榜样作用，大张旗鼓地表彰在学生管理中表现优秀的师生，引领全校师生向优秀师生看齐。

（四）建立“政校家企”立体的学生管理网络

建立“政校家企”立体的学生管理网络，充分发挥全社会的育人资源，通过邀请、聘请、聘用等方式，引进政府军警官员、育人名师、优秀家长、企业家、科学家等优秀人才，以讲座、讲学、活动等方式参与学校的学生管理工作，促进育人工作全面提升。

（五）学生管理工作形式多样化

采取多种多样的形式开展学生管理工作，提升工作成效。中职学生正处于青春期，活泼好动，争强好胜，乐于展现自我，参与热情浓烈，希望得到人们认可。学校在开展学生管理工作中，以活动、竞赛、汇演等活动为载体，顺应学生的心理需要，在形式多样的活动中蕴含教育管理学生的要素，使学生在参与活动中不知不觉形成良好的行为习惯，正如教育家叶圣陶说的“教是为了不需要教”与常有人说的“教育无痕”，我们认为这正是学生管理教育的最高境界。

（六）加强班主任的培训力度

班主任是学生管理工作的直接执行人，是核心更是关键，班主任的育人理念决定着班级的管理水平，边境职业学校在一般情况下都由年轻教师担任班主任，这是职业学校培养年轻教师的措施之一，年轻教师的生理年龄和心理年龄与中职学生更接近，容易接受新生事物，在看待问题上与学生有很多相似之处，心灵上容易产生共鸣，师生融合更容易实现，十分有利于学生教育管理工作的健康发展，但我们也要注意到，年轻教师对学生的管理经验不丰富，角色转换需要时间，责任心需要加强，班级管理技能需要提升，为此，学校在班主任的培训上，要充分发挥经验丰富的老班主任或名班主任的指导作用，用以老带新或开设专题讲座的方式引领年轻的新班主任，让他们尽快胜任中职学生的管理工作，避免新班主任走弯路或错路，甚或搞垮一个班级，轻点的会误了几十人一个学期的学业，严重的会影响整个学校的学生管理工作，学校在年轻班主任的培养上应该防微杜渐，未雨绸缪。

二、真诚关爱是边境中职生健康成长的法宝

爱的力量是无穷的，教师真诚的爱心与责任心可以挽救一个学生的前途与命运。下面以一个广西边境县级职业学校班主任成功转化一个"差生"的故事为案例，讲述广西边境县级职业学校的班主任是如何开展"差生"的转化教育工作的，以期引起中职班主任对中职生的教育艺术的思索。

（一）"差生"农家才同学简介

农家才，男，1991 年 9 月 18 日出生，2008 年 9 月至 2011 年 7 月在龙州县职业教育中心就读汽车运用与维修专业。在校期间，曾担任体育委员、副班长等职务。

该生出生于龙州县水口镇罗回村板排屯的一个农村家庭，父母虽均务农，但家庭经济条件相对较好。由于其父母文化程度较低，教育小孩的方式方法比较简单、粗暴，迫使农家才从小逆反心理特别强，加上初中阶段的家庭"放羊式"管理，他的学习成绩与行为习惯很差。自进入龙州县职业教育中心学习之后，在学校领导老师以及班主任的爱心教育和真诚帮助下，他在学校良好的学技氛围中不断改造自己的人格素质，最终从一名非常自卑、性格暴躁、调皮捣蛋、无心上学的散漫差生逐渐转变为关心集体、热爱班级、团结同学、尊敬师长、专心学技的好学生，在校期间该生曾代表学校参加广西中等职业教育技能比赛暨全国选拔赛中荣获汽车项目三等奖，2010 年 7 月学校安排他在崇左市宏凯汽车销售有限公司实习并就业至今，农家才同学在实际工作岗位中，不怕脏、不怕累、不怕苦，勤勤恳恳、踏踏实实地提高汽车维修技能，在短短的 2 年多时间里，受到维修企业师傅、老板的肯定，从一名学徒工逐渐成长为维修师傅。现担任该公司维修

部机修组组长。

（二）行为偏差　逆反心理强

与农家才同学的相识是在一个很特殊的环境下，2008 年秋季学期开学一个多月后，我才接任汽修专业新生班级 08-2 班的班主任。在 2008 年 10 月的一天下午，我和学校领导、原班主任在班级教室与同学见面并做好班主任交接手续，当时的交接工作还比较顺利。交接后的第二天早上，我开始正式接管该班的班主任日常工作，并用当天课间操的时间到 08-2 班教室传达学校的有关通知，并要求同学们认真遵守学校规章制度，我正在讲话的时候，突然从教室后门（当时后门关着）传来“嘭”的一声巨响。我立刻跑到教室走廊察看情况，见到一个男生，正准备第二次踢门，我一声大吼：“你是谁？哪个班的？干嘛用脚踹门？”他用很冲的口气说：“我就是 08-2 班的，用脚踹门又怎么了？”听了这话我真的很生气，便随口说：“08-2 班没有你这样的学生，你马上走人，到学生科办公室找何科长。”话没说完他便头也不回地往楼下走去……我回到教室问班内同学才知道，刚才用力踹门的同学是我们班的学生，名叫农家才。与班上学生了解之后知道农家才同学已无故旷课将近 2 天，而且在班上自称“老大”，非常“霸道”，前段时间在教室与原班主任争吵差点打起来，当时关系十分紧张，平时是“无恶不作”的“差生”。

与部分学生了解农家才的基本情况后，我打电话给学生科何科长问刚才是否有我班农家才同学到办公室找过他，他说没见。我马上跑到学生宿舍，看见他在宿舍睡觉，我便叫他起来，问他这几天怎么不来学校，去了哪里。而且我直接告诉他，我现在就是他的班主任，以后有什么需要我帮忙的可以随时找我。我们两人这时也平静了很多，慢慢地聊起一些家常，从那以后，我便开始真诚地跟他沟通交往。经过一段时间的了解后，才知道他有自控能力差、性格好强、言行过激、厌学、经常违纪、不求上进等坏习惯。由于平时得不到学校老师、家人的关心、帮助与正确的引导，不但造成该生缺少家庭与学校的温暖，而且使得他的言行及人生观与现实社会发生偏离。在青春成长的关键时期，如果没能正确地引导帮扶，那该生将会误入歧途，后果不堪设想……

（三）用真诚与爱心去沟通感化学生

了解到农家才的基本情况后，我在教育教学的实际行动中开始以真诚和爱心去感化、改造该生。大胆地尝试走进该生的心灵，从他的兴趣爱好入手，激发起他对自己以后人生美好前景的向往之情和对困难的挑战之心。

首先要真正地走入学生的生活，走进学生的内心。作为班主任，虽然每天的大部分时间与学生在一起，但实际上有些班主任并没有真正了解学生的内心世界，也就没有了解他们所思所想，了解他们的喜怒哀乐等。职业学校的班主任只有准确地了解每一位学生的内心世界，才能更好地给学生“对症下药”，才能更容易与学生打成一片。只有这样，才能让班主任的管理工作得心应手；才能使我们在实际工作中获得更多满足感、幸福感与成就感。我们能够真正地与学生的学习、生活走到一起，就是走进学生内心世界的前提条件。帕克·帕尔默的《教学勇气——漫步教师心灵》一书中指出：“不好的老师把自己置身于他正在教的科目之外——在此过程中，也远离了学生。而好老师则在生活中将自己、教学科目和学生联合起来。”苏霍姆林斯基也曾说过：“如果你感觉到每个儿童都有个性，如果每个儿童的喜悦和苦恼都敲打着你的心，引起你的思考、关怀和担心，那你就勇敢地选择崇高的教师工作作为自己的职业吧，你在其中能找到创造的喜悦。”作为职业学校教师，如果不能与学生在实际的学习、生活中真正走在一起，我们就无法了解他们的内心世界，即他们的所思所想，当然我们就已经“远离我们学生”，就无法与学生心灵相通，也就不可能从工作中找到工作的乐趣……在学校的每一天，从早上学生的出操队列，到学生的课堂，再到学生的就餐、午休、晚休，以及学生的课外活动中，都经常出现我的身影，正因为我经常与学生在一起，关爱和帮助他们，所以我了解他们，我们师生能进行很好的交流沟通。正因为这样，我对农家才的了解、关爱及与他的沟通交流才日益增多。

其次，要与学生真诚相待、真心做朋友。进入职业学校读书的学生，他们首先是应试教育的失败者；其次是整个社会中接受教育的弱势群体；再次是缺少关心与温暖的自卑者。我们教师群体是应试教育的得益者，或者说是应试教育的成功者，而学生群体则是应试教育的失败者，两个群体之间从表面上看似乎是很合适的教育与被教育的关系，而实际上，若在心灵上没有沟通，就很难产生情感的共鸣。容易造成师生之间难以交心的友谊。如果要解决这个问题，我们做班主任的就必须放下一切“教师”架子，不要唯我独尊，应真心地与学生交朋友。能够做到这一点对职业学校教师来说是一种工作上的挑战，因为我们职业学校的教师首先要把自己的心理年龄调整到十五六岁左右，让自己在心理上与学生成为“同龄人”（教师心态改变）。只有这样，教师与学生才能够实现心与心相通，情与情交融。学生得到的是知识、专业技能、情感、态度、价值观的进步与改变，而教师得到的是教育的方法、艺术与智慧的提升。陶行知先生做过精辟阐述：“你若变成小孩子，便有惊人的奇迹出现；师生立刻成为朋友，学校立刻成为乐园；你立刻觉得是和小孩子一般儿大，一块儿玩，一处儿做工，谁也不觉得您是先生，您便成了真正的先生。”陶行知的名言，值得每一位职业学校教师认真体会、借鉴。只要我们能走进学生的心灵，只要我们职业学校的教师能成为“真正的先生”，我们一定能够与职业学校学生以诚相待。我们常说教学相长，而在职业学校却变成了单方面地教师教育学生成长，这显然是违背教育规律的。我们认为，在职业学校教学相长的前提就是要与学生成为真正的朋友，有的时候还要虚心向学生学习，这才是真正的教学相长。正如陶行知所说：“如果你不肯向你的学生虚心请教，你便不知道他的环境，不知道他的能力，不知道他的需要；那么，你就有天大的本事也不能教导他。”“教育是教人化人。化人者也为人所化，教育总是互相感化的。互相感化，便是互相改造。”正是与农家才成为朋友后，他才听从了我这个大朋友的劝导，在我的关爱与帮助下，不断进步。

一直以来，真诚的关爱贯穿着我班主任工作的始终。通过走进学生心灵，与农家才以诚相交，从结合他个人的兴趣爱好等方面的教育入手，经过将近一个学期的教育引导，使他从自卑、厌学、调皮捣蛋、性格冷漠、不求上进的“差生”逐步转变成为团结同学、热爱关心集体、积极向上、主动学习专业技能的好学生、好班干。“蜕变”转好的农家才曾于2010年5月代表学校参加广西中等职业教育技能比赛暨全国选拔赛并荣获汽修项目三等奖，2010年6月学校安排他在崇左市宏凯汽车销售有限公司实习就业至今，由于农家才在实际工作岗位中，勤勤恳恳、踏踏实实地工作，在短短的2年多时间里，已从一名学徒工成长为维修师傅。

（四）教师反思

在当今社会里，我们听过这样一句话：“没有教不好的学生，只有不会教的老师。”的确，作为职业学校教师，我们更能深刻体会到这句话的真正含义。只要我们教师真正走进学生的心里，用真诚与爱心去呵护他们，去引导、去塑造他们，与学生真诚相待，成为好朋友，用我们关爱的眼光看待每一位学生，才能教育好他们。爱是一种无穷的力量，它可以感化任何事物，甚至可以感动大地。小小的动作都可以带来意想不到的效果，能与学生心灵交流的方式方法很简单，比如一个点头、一个微笑，它可以表达老师对学生的肯定和赞许。鲁迅先生曾经说过：“什么是教育，教育就是爱。”“每个人都需要爱。”特别在职业学校，学生更加渴望老师对他们的“关爱”。十多年的职教生涯中，我经常会思考这样的一个问题：一名优秀的教师最重要的素质是什么？是广博的知识还是丰富的理论教学经验？我个人认为一名优秀的教师最重要的素质应该是：爱心与责任心。我们老师的爱心可以挽救一个学生的前途与命运，这话一点不假。爱心可以改变一切，爱的力量是无穷的。有爱才有责任感，有了责任感才会去关心、了解和帮助学生，引导学生走上正轨，保证其健康成长。

三、边境职业学校学生管理制度

“没有规矩，不成方圆”。对中职生的管理需要科学的管理制度作为保证。中职生的管理难度大，是中等职业学校的共识。在2014年全国职业教育工作会议上，中央领导强调，要以立德树人为首要任务，培育和践行社会主义核心价值观。中职学校是培养生产、管理、服务一线最基层的技术人才的地方。要培养高素质的劳动者和技术人才，中职学校必须要有完善的学生管理制度。广西边境职业学校在学生管理方面也做了有益的探索和实践，取得了一定的成效。如下是广西边境职业学校的学生管理制度汇编：

（一）学校德育工作

（1）学校成立以校长为组长的德育领导小组，制订学校德育工作计划，组织开展学校德育工作。

（2）组建以学生科、班主任、团委、各部书记为骨干力量的德育工作队伍，在校长负责的管理体制下开展工作。学校的全体教师职工都是德育工作者。

（3）由德育工作小组确定学校德育工作目标和任务，制订德育工作计划，并负责检查落实、督导和评估，组织好升国旗、时事教育等德育方面的日常性工作，抓好日常行为规范的养成教育，组建德育档案。

（4）每周一以及重大节日、纪念日举行升旗仪式，升旗仪式按国家教委规定的程序进行。

（5）加强学生社会实践活动，组织好学生校内外德育活动，包括社会调查、生产实习、公益劳动、社区服务、科技文化活动等多种形式，努力培养学生的社会责任感和奉献精神。

（6）加强德育科学研究，经常召开德育工作研讨会，组织必要的参观学习，积极创造条件，充分运用现代教育手段，开展生动活泼的教育活动。申报德育科研课题，积极参与德育教研活动，以科研为先导，提高德育的实效性、针对性、主动性。

（7）积极组织校园文化建设，注重环境育人和服务育人。崇尚科学，反对迷信。

（8）指导学科教学渗透德育内容，参与听课评课，督促学科教学德育目标的落实。把思想政治教育、品德教育、纪律教育、安全教育、法制教育、心理教育等内容，有计划、由浅入深、循序渐进地落实在教育教学的各个环节中，形成教书育人、管理育人、服务育人、环境育人的校园气氛。

（9）积极建立社区德育网络，加强对学生的校外教育工作，动员社会力量积极支持参与青少年的德育工作，特别要加强学生家长、村委会、派出所等方面的联系，形成以学校为中心，周边各有关部门密切配合、齐抓共管的社区教育网络。

（10）认真贯彻奖惩规定，评选“三好学生”“优秀学生”“优秀干部”“红旗班级”等荣誉奖项。

（11）班级应制订德育工作计划，并认真组织实施。班主任要认真贯彻执行《中职生日常行为规范》，制定符合班级实际的规章制度。校园教室都挂有校训、学风以及名人名言条幅。加强学习和训练，做到期初有计划，工作有纪律，期中期末有检查和评比。使学生养成文明礼貌、尊敬师长、团结同学、遵守纪律、爱护公物、艰苦朴素、认真学习、奋发向上的风尚和良好的习惯。

（12）班主任要认真培养班干部，形成强有力的班级领导核心，努力营造积极向上的班级风貌。

（13）积极开展丰富多彩的班级文化和社会实践活动，寓德育于活动之中。

（14）班主任是学校德育工作的骨干力量，要高度重视德育科研，积极开展“个案研究”等课题的实验研究活动。

（15）学校建立家长委员会，开办家长接待日。班主任老师要经常和家长联系，适时召开家长会，认真接待家长来访，加强育人的针对性。加强家校联系，每学期召开一次以上学生家长会。

（16）班主任要组织指导学生德育考核；组织评选“三好学生”“优秀团员”“优秀团干”“优秀学生干部”，积极争创红旗班级。

（17）教师是学校德育工作的直接实施者，要做到尊重学生，热爱学生，以身作则，为人师表。要根据学科特点，积极开展德育渗透教育。以课堂为实施德育教育的主阵地，各科教学要根据德育要求与学科特点，渗透思想教育因素。各教师的教案上要有新体现。对学生进行以教育为主的思想教育。坚持“因材施教，动之以情、晓之以理，持之以恒”的原则，充分调动学生的积极性，防止简单粗暴行为，严禁体罚和变相体罚学生。

（18）思想品德课教师，担任着教学德育工作主渠道的重任，要深入研究当前学生思想品德的特点，积极改进教学方式，采用启发式、讨论式、开放式研究性教学，切实提高教育教学的信度和效度。

（19）职工要本着服务育人的原则，严格要求自己，爱护公物，坚守岗位，要时刻牢记学校无小事，事事都育人。

（20）以上内容纳入教师的年终考核。德育工作实绩将作为专业技术职务晋升、聘任及评先选优的重要依据。

（二）学校安全管理制度

1. 学校周边环境安全治理制度

（1）学校周边环境治理涵盖师生人身、食品卫生、文化活动等多个方面。其综合性治理，应取得社会各界的广泛支持与能力配合。学校对周边环境应密切关注与监控。

（2）各校在做好内保工作的同时，应重视学校周边环境的安全治理工作，应主动联系辖区内的派出所、工商管理、文化监管部门共同抓好治理工作。

（3）值日人员除做好校内的巡视工作，还应注意对校园外附近环境的巡查，发现社会盲流、恶少对学生进行骚扰或其他事故，要针对不同情况及时报告“110”“120”“122”或附近派出所，以保护学生的安全。

（4）每天放学前，教师要提醒学生，注意交通、道路等各方面的安全。

（5）要教育学生自觉遵守社会公德以及各种法规，维护社会公共秩序，敢于与坏人做斗争，并掌握正确的维护方法；在此同时提高学生的自护能力。

（6）设立老师救护队应对学校突发事件，高度警觉，随时出动。

2. 住宿生安全管理制度

为了加强学校住宿生管理，保障住宿生人身及财产安全，建设安全整洁、文明向上、秩序井然的住宿生活环境，特制定本制度：

（1）所有住宿学生必须爱护寝室设施，主要包括门窗、床铺、水电设施设备和消防器材。损坏寝室设施要照价赔偿。故意损坏者给予纪律处分。

（2）讲究卫生，确保健康。患有传染病的学生要听取医生建议，休学治疗，严禁处于传染期的患病学生与其他同学同宿。

（3）住宿生要自觉服从寝室生活指导教师的管理，履行住宿生的义务。

（4）住宿生认真遵守学校制定的作息时间，学生因病或者其他事情不能上课的，应向班主任请假，并报告寝室生活指导老师。住宿生上课时间内，严禁随便回宿舍逗留（特殊情况例外），严禁个人私配宿舍钥匙。

（5）熄灯铃或午休铃响后严禁在宿舍内洗漱、谈笑、打闹、听歌及进行学习和娱乐活动，舍长负责清点本室人数，如有未回宿舍的要及时报告生活指导老师、值周教师和值周行政领导。查明缘由，采取措施，及时找回。

（6）男女生不得互串宿舍或搞聚会，如有紧急事情，需经寝室生活指导教师或班主任批准。

（7）住宿生不得将非住宿生带入宿舍及私自留宿。非住宿生严禁到住宿生宿舍逗留和休息。

（8）住宿期间住宿生一律不准随便离校回家，有特殊情况者，需由班主任批准。

（9）加强宿舍文化建设，营造文明向上、整洁美观的宿舍环境，严禁乱贴、乱挂、乱画、乱钉低级趣味或暴力图画。住宿生不得将不健康的书籍、张贴画等带入宿舍。严禁在宿舍内打闹、吹口哨、打架斗殴、玩扑克等一切影响他人休息的活动。

（10）住宿生不准点蚊香、蜡烛，不准使用电炉等物品，严禁乱接用电设备，严禁攀登宿舍窗户以及其他危险处，严禁携带管制刀具。

（11）当发生同学生病、打架斗殴及其他突发事件时要及时报告生活指导教师或班主任。应予紧急安全处置，在确保学生生命财产最大保障的同时，迅速向学校应急领导小组报告。重大险情应同时拨打110、120、119等电话求助。

3. 安全教育制度

为确保学校师生生命财产安全，维护正常的教育教学秩序，制定本制度。

（1）学校要及时传达上级有关安全方面的文件精神，并结合本校实际，做好统一部署。

（2）在每周召开的教师会议以及班主任的每个班会都要根据校内外环境和季节的变化对师生进行安全意识教育，交通、消防、社会治安、食品卫生及传染病预防教育，自然灾害安全、防触电、防溺水、防煤气中毒、校内外安全教育及生活中各类安全教育为内容的安全教育。班主任要每周备好一个安全教育教案，并及时上交到学校安全办公室。

（3）行政值周和值周教师要做好在周一、周五的集会上对学生的安全教育和宣传工作。

（4）体育教师在某些课程的教学中，如铅球、双杠等，在课前要做好安全教育和安全预防工作，同时要有预防措施和应急措施；实验教师在上实验课的过程中，如果涉及化学药品如硫酸等危险物品或涉及电源时，也要在课前做好安全教育和安全预防工作，同时要有预防措施和应急措施。

（5）学校每学年要对全体师生进行至少一次的法制教育，提高广大师生的法制观念，提高教师依法执教的意识，有效杜绝违法犯罪事件的发生。

（6）学校在节假日和各种大型活动前要做好安全教育和安全预防工作，并有预防措施和应急措施。

4. 学校安全检查制度

为保证学校财产及师生人身安全，使学校教学秩序、生产生活秩序正常进行，消除校内安全隐患，特制定以下安全检查制度。

（1）校舍安全。

各年级、各处室在每天放学后，必须有专人对所分管的教室、办公室、各专用教室进行检查，检查项目包括电器设备是否断电，用水设备是否关好，门窗是否锁好。校内防护设施每周由总务处检查一次。

（2）交通安全。

学生车辆一定要符合安全标准，学校要对学生进行骑车安全教育。教育学生骑车时要注意观察车况、路况是否安全。

（3）饮食卫生安全。

学校定期对学生进行饮食卫生安全教育，教育学生不吃零食及腐烂、过期的食品。搞好个人卫生，严防病从口入。

（4）消防安全。

学校要定期对消防设施进行检查，每两周检查一次，包括用火、用电、消防器材等。

（5）体育设施安全。

由体育教师负责检查，每周至少检查一次，主要检查体育活动所用器材设备是否合乎安全标准。

各班级要树立强烈的忧患意识，定期对所分管的项目进行检查，发现问题及时上报，及时纠正，因工作不到位造成安全事故的，坚决追究责任人的责任。

5. 校门安全管理制度

为维护我校治安秩序，从严治校，加强管理，根据上级有关规定和我校的实际，特制定门卫制度：

（1）门卫人员上岗执勤要衣冠整齐，做到文明执勤，礼貌待人，以理服人；认真填写值班日记，不准脱岗；门卫人员不得在门卫室留宿他人；无关人员不准进入门卫室；门卫人员要自觉爱护公共财物，搞好室内外环境卫生，门卫室不准存放与工作无关的个人物品和他人物品；大门内外 10 米不得张贴标语、宣传品及广告等。

（2）凡本校人员出校门，学生必须佩戴校徽且凭班主任的批条。凡发现学生不佩戴校徽、没有班主任批条门卫放行的，扣当班门卫 5 元/人次。自行车进出校门一律下车推行，外来机动车辆必须减速、接受检查，未经准许不准进入校门。任何单位和个人，不得在门岗周边摆摊设点、堆放杂物及停放车辆。

（3）外来人员进入学校，必须要有充分的理由，并凭有效证件填写来访登记表，未经许可不准进入校门。学生必须佩戴校徽方可入校。凡发现外来人员不做记录、学生不带校徽进入校门的，扣当班校警 5 元/人次。来访人员不得擅自进入与被访者无关的部门、办公室、实验室、仓库等。来访者携带物品进出校门，应自觉接受门卫的检查。学校大、小拉闸门平时要关闭，需要时，行人、自行车、摩托车、电动车走小门，小车大车走大门。

（4）严禁出租车、拖拉机、三轮车、农用车、载重车等进入校园，特殊情况需进入的，必须经学校行政值周领导（或负责安全的领导）同意，方可进入校内，且不得影响正常的教学秩序；从校内开出的出租车、拖拉机、农用车、载重车等，门卫要检查车上是否有学生或其他物品，发现可疑的，立即汇报领导。凡是发现门卫没有检查的，扣当班门卫 5 元/车次。任何私人推销、收购废品未经准许不准进入校园；严禁小商贩进入校园；严禁闲杂人员进入校园游逛、停放车辆和从事非法活动；校外人员未经领导批准不准进入校园进行体育活动。

（5）凡运输或携带公物出校门必须经学校行政值周领导（或分管安全的领导）同意，方可出校园。行课期间关闭学校大门，所有闲杂人员不得进入校园。

（6）外来人员或单位借用本校设备（体育、教学、会务等硬件设备）的，必须得拥有校方主管部门书面通知，按要求填写相关材料方可允许进入校园。外卖食品（包括饮用水）一律不得进入学校，如有校内职工订用请其到校门接收，并要求其食品不得对校内人员出售。

6. 学校安全应急预案制度

为了确保师生的人身安全，学校严格执行《学校安全制度》《安全责任追究制》，保证一旦发生安全事故能够及时处理，特制定我校安全应急预案制度。

（1）成立应急领导小组。成员由校长、党总支副书记、副校长、各科室主要负责人等组成。领导小组下设办公室，办公室设在学校学生科。

（2）主要职责。

① 组长负责召集领导小组会议，部署处置工作，安排、检查落实学校安全重大事宜。

② 副组长负责学校安全应急预案的落实情况，处理突发安全事故，完成校领导交办的各项任务。

③ 领导小组成员具体负责学校各年级、各部门突发安全事故的处理、监控、报告等事宜，并保证领导小组指令的畅通，做好安全工作的宣传、教育、落实、检查、处理等工作，把安全事故的发生减少到最低限度。

（3）应急措施。

① 每天保证学校门口有一位校领导和教师值班，若在校门口学生发生交通事故，由值班教师应急处理，严重的立即拨打 120，并迅速通知带班领导，通过班主任通知其家长。

② 遇到课间操及大型集会学生上下楼梯时，在各个楼梯口由各班班主任进行指挥、疏导。若学生发生拥挤踩伤事件，在场教师立即让全体学生原地不动，并立即拨打 120，同时通知学生科、保卫科、班主任立刻到达现场，组织救护、疏导学生。

③ 各班选出一名安全监督员，每日在教室、班级门口楼道内检查，制止不安全行为。

④ 学生有病有事须请假，无故不到者必须在 1 小时内上报学生科。若查实学生离家出走或被坏人控制，由班主任通知家长，学生科立即向公安机关报案。

⑤ 学生课间操及体育课安全由体育组负责。

⑥ 组织学生外出活动和校内大型活动的安全由学生科负责，若发生意外伤亡事件，由学生科专人处理，并及时上报。

⑦ 室内用电及电器安全由总务科组织人员每周检查一次，教学设施“谁主管，谁负责”，每月检查一次。若因用电等原因引起火灾，总务科立即通知电工切断电源，拨打 119 报警，组织人员开启楼内灭火器和消防栓进行扑救。班主任、教师迅速进班组织学生按规定楼梯口下楼疏散。

⑧ 实行门卫 24 小时值班制度，加强夜间巡逻。学生课间离校必须出具出门证，来客进校先联系，再登记。

⑨ 实行安全事件报告制度和安全责任追究制度。

（4）宣传教育，确保安全。

① 认真落实“教育在先，预防在前”的工作原则，牢固树立安全意识，提高防范和救护能力。

② 利用国旗下讲话、主题班队会、黑板报、健康教育课等多种形式，加强对学生的安全教育。

③ 定期举办全校性的安全教育报告会。

④ 学生科、团委要经常开展丰富多彩的安全教育活动，让学生学会生存，掌握自救本领。

⑤ 安全教育应渗透到各科教学之中，时时讲，事事讲。

总之，安全工作重于泰山，全体教职工必须高度重视安全工作，若因工作失职造成安全事故，将直接追究有关人员责任，按学校规定严肃处理。

7. 学校安全责任追究制度

安全工作是一项长期而细致的工作，它需要全体教职工以高度的责任感来认真对待此项工作，并明确其要求，落实其责任。做到每一位教职工意识到安全工作责任重大，并为之而努力工作。对安全工作不负责任，敷衍塞责而造成安全责任事故的教职工将追究其责任（包括经济责任、行政责任、刑事责任等）。

（1）每一位教职工必须加强有关法律法规的学习，坚持依法治校，依法执教，牢固树立“安全工作，责任重于泰山”“安全不保，何谈发展”的思想，并以“强化管理，预防为主”为工作指导思想，明确“一岗双责”，落实“安全工作责任制”和“责任追究制”。

（2）安全工作责任制，需层层落实，具体到班、到人，保证安全工作有人抓、抓具体、抓落实，每年年初学校与全体教职工签订安全责任书，明确责任，增强全体教职工的安全责任意识，安全责任实行倒查制。

（3）全体教职工不得体罚和变相体罚学生，应尊重学生人格。对于体罚和变相体罚学生，侮辱学生的教职工，学校将根据有关规章制度进行处理，由此而产生的一切后果全部由当事教师负责（经济、行政、刑事），并在教师考评和年度考核中具体量化，当年不得评优晋升。

（4）教师在教育教学工作中应该认真负责，准时到位，中途不得离开课堂。凡因教师组织不力或离开教室造成的安全事故，应由该课堂的教师承担全部责任。

（5）室外课的任课教师应该有效地组织学生，课前（包括备课）要有安全方面的内容和预见。应按室外课要求进行教学活动，学生活动时教师必须巡视和指导。否则由此而产生的安全事故教师需承担全部责任。

（6）全体教职工都必须具有主人翁精神，积极参与到学生安全的管理之中，一旦发现学生有不良行为时（不分班级、不分地点、不分时间），必须立即制止（如打架斗殴、危险活动、携带管制刀具等）。否则由此而产生的安全事故，将追究其教师现场第一人的责任。

（7）加强对学生课间、午间活动、放学、集会等活动的巡视、护导工作，护导值周教师按时到位，认真履行其工作职责，及时消除学生在活动中存在的安全隐患，对重特大事故应及时汇报，及时对受伤害的学生进行施救。护导值周教师不得擅离职守和出工不出力，否则由此而引发的安全事故，护导值周教师需承担全部责任。

（8）门卫工作：门卫工作人员应忠于职守，对外来人员车辆、公私财物等必须严格盘查，坚持做到“一询问、二登记、三放行”，严禁学生随意进出校门（学生出校门必须有班主任的假条等），并积极配合公安派出所搞好校园周边社会治安工作。由于门卫工作人员履职不到位而引发的安全事故，门卫工作人员将承担相应的责任。

（9）各室管理人员，应坚持每周的安全隐患自查。对危化物品坚持“双锁”制度和使用情况登记制度，保证各室安全、有序、有效，为学校教育教学做好服务，对履职不到位、造成严重后果者，依据相关管理规定追究责任。

（10）节假日实行教师值班、行政带班、门卫值班等三级安全保卫制度，不到岗、调换值班等各级值班人员分别承担责任，具体按实际情况界定。

（11）夜间安全，根据学校用工合同，由门卫进行夜间巡逻值班，并承担相应责任。

8. 学生伤害事故处理办法

学生伤害事故的处理办法参照《中华人民共和国教育部令（第12号）》。

第一章　总　　则

第一条　为积极预防、妥善处理在校学生伤害事故，保护学生、学校的合法权益，根据《中华人民共和国教育法》、《中华人民共和国未成年人保护法》和其他相关法律、行政法规及有关规定，制定本办法。

第二条　在学校实施的教育教学活动或者学校组织的校外活动中，以及在学校负有管理责任的校舍、场地、其他教育教学设施、生活设施内发生的，造成在校学生人身损害后果的事故的处理，适用本办法。

第三条　学生伤害事故应当遵循依法、客观公正、合理适当等原则，及时、妥善地处理。

第四条　学校的负责人应当提供符合安全标准的校舍、场地、其他教育教学设施和生活设施。

教育行政部门应当加强学校的安全监督工作，指导学校落实预防学生伤害事故的措施，指导、协助学校妥善处理学生伤害事故，维护学校正常的教育教学秩序。

第五条 学校应当对在校学生进行必要的安全教育和自护自救教育；应当按照规定，建立健全的安全制度，采取相应的管理措施，预防和消除教育教学环境中存在的安全隐患；当发生伤害事故时，应当及时采取措施救助受伤害的学生。

学校对学生进行安全教育管理和保护，应当针对学生年龄、认知能力和法律行为能力的不同，采用相应的预防措施。

第六条 学生应当遵守学校的规章制度和纪律：在不同的受教育阶段，应当根据自身的年龄、认识能力和法律行为能力，避免和消除相应的危险。

第七条 未成年学生的父母或者其他监护人（以下称为监护人）应当依法履行监护职责、配合学校对学生进行安全教育、管理和保护工作。

学校对未成年学生不承担监护职责，但法律有规定的或者学校依法接受委托承担相应监护职责的情形除外。

第二章 事故与责任

第八条 学生伤害事故的责任，应当根据相关当事人的行为与损害后果之间的因果关系依法确定。

因学校、学生或者其他相关当事人的过错造成的学生伤害事故，相关当事人应当根据其行为过错程度的比例及其与损害后果之间的因果关系承担相应的责任。当事人的行为是损害后果发生的主要原因，应当由当事人承担主要责任；当事人的行为是损害后果发生的非主要原因，则由监护人承担相应的责任。

第九条 因下列情形之一造成的学生伤害事故，学校应当依法承担相应的责任：

（一）学校的校舍、场地、其他公共设施，以及学校提供给学生使用的学具、教育教学和生活设施、设备不符合国家规定的标准，或者有明显不安全因素的；

（二）学校的安全保卫、消防、设施设备管理等安全管理制度有明显疏漏，或者管理混乱，存在重大安全隐患，而未及时采取措施的；

（三）学校向学生提供的药品、食品、饮用水等不符合国家或者行业的有关标准、要求的；

（四）学校组织学生参加教育教学活动或者校外活动，未对学生进行相应的安全教育，并未在可预见的范围内采取必要的安全措施的；

（五）学校知道教师或者其他工作人员患有不适宜担任教育教学工作的疾病，但未采取必要措施的；

（六）学校违反有关规定，组织或者安排未成年学生从事不宜未成年人参加的劳动、体育运动或者其他活动的；

（七）学生有特异体质或者特定疾病，不宜参加某种教育教学活动，学校知道或者应当知道，但未予以必要的注意的；

（八）学生在校期间突发疾病或者受到伤害，经由学校发现，但未根据实际情况及时采取相应措施，导致不良后果加重的；

（九）学校教师或者其他工作人员体罚或者变相体罚学生，或者在履行职责过程中违反工作要求、操作规程、职业道德或者其他有关规定的；

（十）学校教师或者其他工作人员在负有组织、管理未成年学生的职责期间，发现学生行为具有危险性，但未进行必要的管理、告诫或者制止的；

（十一）对未成年学生擅自离校等与学生人身安全直接相当的信息，学校发现或者知道，但未及时告知未成年学生的监护人，导致未成年学生因脱离监护人的保护而发生伤害的；

（十二）学校有未依法履行职责的其他情形的。

第十条 学生或者未成年学生监护人由于过错，有下列情形之一，造成学生伤害事故，应当依法承担相应的责任：

（一）学生违反法律法规的规定，违反社会公共行为准则、学校的规章制度或者纪律，实施按其年龄和认知能力应当知道具有危险或者可能危及他人的行为的；

（二）学生行为具有危险性，学校、教师已经告诫、纠正，但学生不听劝阻、拒不改正的；

（三）学生或者其监护人知道学生有特异体质，或者患有特定疾病，但未告知学校的；

（四）未成年学生的身体状况、行为、情绪等有异常情况，监护人知道或者已被学校告知，但未履行相应监护职责的；

（五）学生或者未成年学生监护人有其他过错的。

第十一条 学校安排学生参加活动，因提供场地、设备、交通工具、食品及其他消费与服务的经营者，或者学校以外的活动组织者的过错造成的学生伤害事故，有过错的当事人应当依法承担相应的责任。

第十二条 因下列情形之一造成的学生伤害事故，学校已履行了相应职责，行为并无不当的，无法律责任：

（一）地震、雷击、台风、洪水等不可抗的自然因素造成的；

（二）来自学校外部的突发性、偶发性侵害造成的；

（三）学生有特异体质、特定疾病或者异常心理状态，学校不知道或者难于知道的；

（四）学生自杀、自伤的；

（五）在对抗性或者具有风险性的体育竞赛活动中发生意外伤害的；

（六）其他意外因素造成的。

第十三条 下列情形下发生的造成学生人身损害后果的事故，

学校行为并无不当的，不承担事故责任；事故责任应当按有关法律法规或者其他有关规定认定：

（一）在学生自行上学、放学、返校、离校途中发生的；

（二）在学生自行外出或者擅自离校期间发生的；

（三）在放学后、节假日或者假期等学校工作时间以外，学生自行滞留学校或者自行到校发生的；

（四）其他在学校管理职责范围外发生的。

第十四条 因学校教师或者其他工作人员与其职务无关的个人行为，或者因学生、教师及其他个人故意实施的违法犯罪行为，造成学生人身损害的，由致害人依法承担相应的责任。

第三章 事故处理程序

第十五条 发生学生伤害事故，学校应当及时救助受伤害学生，并应当及时告知未成年学生的监护人；有条件的，应当采取紧急救援等方式救助。

第十六条 发生学生伤害事故，情形严重的，学校应当及时向主管教育行政部门及有关部门报告；属于重大伤亡事故的，教育行政部门应当按照有关规定及时向同级人民政府和上一级教育行政部门报告。

第十七条 学校的主管教育行政部门应学校要求或者认为必要，可以指导、协助学校进行事故的处理工作，尽快恢复学校正常的教育教学秩序。

第十八条 发生学生伤害事故，学校与受伤害学生或者学生家长可以通过协商方式解决；双方自愿，可以书面请求主管教育行政部门进行调解。

成年学生或者未成年学生的监护人也可以依法直接提起诉讼。

第十九条 教育行政部门收到调解申请，认为必要的，可以指定专门人员进行调解，并应当在受理申请之日起 60 日内完成调解。

第二十条 经教育行政部门调解，双方就事故处理达成一致意见的，应当在调解人员的见证下签订调解协议，结束调解；在调解期限内，双方不能达成一致意见，或者调解过程中一方提起诉讼，人民法院已经受理的，应当终止调解。

调解结束或者终止，教育行政部门应当书面通知当事人。

第二十一条 对经调解达成的协议，一方当事人不履行或者反悔的，另一方可以依法提起诉讼。

第二十二条 事故处理结束，学校应当将事故处理结果书面报告主管的教育行政部门；重大伤亡事故的处理结果，学校主管的教育行政部门应当向同级人民政府和上一级教育行政部门报告。

第四章 事故损害的赔偿

第二十三条 对发生学生伤害事故负有责任的组织或者个人，应当按照法律法规的有关规定，承担相应的损害赔偿责任。

第二十四条 学生伤害事故赔偿的范围与标准，应按照有关行政法规、地方性法规或者最高人民法院司法解释中的有关规定确定。教育行政部门进行调解时，认为学校有责任的，可以依照有关法律法规及国家有关规定，提出相应的调解方案。

第二十五条 对受伤害学生的伤残程度存在争议的，可以委托当地具有相应鉴定资格的医院或者有关机构，依据国家规定的人体伤残标准进行鉴定。

第二十六条 学校对学生伤害事故负有责任的，根据责任大小，应适当予以经济赔偿，但不承担解决户口、住房、就业等与救助受伤害学生、赔偿相应经济损失无直接关系的其他事项。

学校无责任的，如果有条件，可根据实际情况，本着自愿和可能有原则地，对受伤害学生予以适当的帮助。

第二十七条 因学校教师或者其他工作人员在履行职务中的故意或者重大过失造成的学生伤害事故，学校予以赔偿后，可以向有关责任人员追偿。

第二十八条 未成年学生对学生伤害事故负有责任的，由其监护人依法承担相应的赔偿责任。

学生的行为侵害学校教师及其他工作人员以及其他组织、个人的合法权益，造成损失的，成年学生或者未成年学生的监护人应当依法予以赔偿。

第二十九条 根据双方达成的协议、经调解形成的协议或者人民法院的生效判决，应当由学校负担赔偿金，学校应当负责筹措；学校无力完全筹措的，由学校的主管部门或者举办者协助筹措。

第三十条 县级以上人民政府教育行政部门或者学校举办者有条件的，可以通过设立学生伤害赔偿准备金等多种形式，依法筹措伤害赔偿金。

第三十一条 学校有条件的。应当依据保险法的有关规定，参加学校责任保险。

教育行政部门可以根据实际情况，鼓励中小学生参加学校责任保险。

提倡学生自愿参加意外伤害保险。在尊重学生意愿的前提下，学校可以为学生参加意外伤害保险创造便利条件，但不得从中收取任何费用。

第五章 事故责任者的处理

第三十二条 发生学生伤害事故，学校负有责任且情节严重的，教育行政部门应当根据有关规定，对学校的直接负责主管人员和其他直接责任人员，分别给予相应的行政处分；有关责任人的行为触犯刑律的，应当移送司法机关依法追究其刑事责任。

第三十三条 学校管理混乱，存在重大安全隐患的，主管的教育行政部门或者其他有关部门应当责令其限期整顿；对情节严重或者拒不改正的，应当依据法律法规的有关规定，给予相应的行政处罚。

第三十四条 教育行政部门未履行相应职责，对学生伤害事故的发生负有责任的，由有关部门对直接负责的主管人员和其他直接责任人员分别给予相应的行政处分；有关责任人的行为触犯刑律的，应当移送司法机关依法追究其刑事责任。

第三十五条 违反学校纪律，对造成学生伤害事故负有责任的学生，学校可以给予相应的处分。

第六章 附 则

第三十七条 本办法所称学校，是指国家或社会力量举办的全日制的中小学（含特殊教育学校）、各类中等职业学校、高等学校。

本办法所称学生是指在上述学校中全日制就读的受教育者。

第三十八条 幼儿园发生的幼儿伤害事故，应当根据幼儿为完全无行为能力人的特点，参照本办法处理。

第三十九条 其他教育机构发生的学生伤害事故，参照本办法处理。

在学校注册的其他受教育者在学校管理范围内发生的伤害事故，参照本办法处理。

第四十条 本办法自 2002 年 9 月 1 日起实施，原国家教委、教育部颁布的与学生人身安全事故处理有关的规定，与本办法不符的，以本办法为准。

在本办法实施之前已处理完毕的学生伤害事故不再重新处理。

四、学生道德行为规范教育及实施办法

（一）道德行为规范教育的指导思想和目的

对学生进行道德行为规范教育的指导思想是：以邓小平同志建设有中国特色社会主义理论和党的基本路线为指导，有利于我校的教育改革和发展，有利于维护我校的声誉、尊严、团结和利益。

对学生进行行为规范教育的目的：振奋学生精神，增强凝聚力。树立中专生的自尊心、自豪感和良好的社会形象，使全体学生养成吃苦、耐劳、勤奋、俭朴、诚实、勇敢和团结互助、无私奉献的思想品德，推动学生自觉做有道德、有理想、有文化、有纪律，德、智、体全面发展的社会主义现代化建设的接班人，促进学校的精神文明建设。

（二）学生道德行为规范的基本内容

1. 爱国爱校，努力拼搏

（1）尊敬国旗、国徽、会唱国歌，升国旗、奏国歌时要面向国旗，着装整齐，原地肃立，脱帽行注目礼。

（2）热爱祖国，拥护共产党的领导，立志为社会主义事业服务，为人民服务。

（3）热爱学校，维护学校荣誉，不做任何有损学校声誉的事，树立重点中专的良好社会形象。

（4）热爱专业，有强烈的事业心和责任感，全面提高自己的专业素养。

（5）坚持原则，努力工作，积极上进，认真完成学校、专业和班级给予的各项任务。

（6）正确处理集体和个人利益的关系，听从祖国召唤，服从组织分配。

（7）对理想与信念有执着的追求，为振兴中华而努力拼搏。

2. 自尊自爱，注重仪表

（1）坐、立、走、写等姿态端正。

（2）穿戴整洁、朴素大方。头发干净整齐，男生不留长发，女生不烫发，不佩戴首饰。

（3）养成良好的卫生习惯。不随地吐痰，不乱扔纸屑果皮，不吸烟，不酗酒。

（4）举止文明。不打架骂人，不说脏话，不赌博，不参与邪教和封建迷信活动。

（5）不看宣传色情、凶杀、迷信的书籍、录像，不听不唱不健康的歌曲，不谈恋爱。

（6）不进营业性舞厅、酒吧和电子游戏厅。

（7）拾金不昧，不受利诱，爱惜名誉，不失人格。

（8）对来宾以礼相待，不卑不亢。

3. 真诚友爱，礼貌待人

（1）使用礼貌用语，讲话注意场合，态度和蔼，要讲普通话。

（2）尊重他人的人格、宗教信仰和民族习惯，谦虚礼让，敬老爱幼，尊重妇女，助残扶弱。

（3）尊敬师长，遇见教师要主动问好，进入领导、老师办公室先报告或敲门，经允许后方可入内。师长进学生宿舍，学生应起立以示欢迎和礼貌。

（4）同学之间团结互助，正常交往，不叫侮辱性绰号，不欺侮年幼体弱的同学。发生矛盾后，多做自我批评。

（5）同学有病有难，应主动关心帮助。

（6）不动用公共财产和他人物品，不拆看他人信件或撕走邮票；妨碍别人要道歉，被人妨碍应不计较。

（7）守信守时，答应别人的事要按时做到，做不到时表示歉意，借他人钱物要及时归还。

4. 遵规守纪，勤奋学习

（1）保证教学楼、宿舍楼、校园整洁美观。在图书馆、阅览室、实验室要肃静，在教室和楼道内不吵闹喧哗。

（2）爱护校舍和各种公物，不在黑板、墙壁、布告栏等处抹涂或乱贴。借书要按时归还，损坏东西要赔偿。

（3）按时到校，上课前准备好学习用品。上、下课时，起立向老师致敬，下课时请老师先行。

（4）上课专心听讲，勇于发表自己的见解，积极回答老师提出的问题。

（5）认真复习功课，按时独立完成作业，考试不作弊，珍惜时间，积极参加第二课堂活动。

（6）遵守宿舍和食堂的制度，爱惜粮食，节约水电，服从管理。

（7）参加各种集会，应准时到场，认真听讲，不做与会议无关的事。

5. 勤劳俭朴孝敬父母

（1）生活有规律，按时作息，保持宿舍安静。

（2）学会照顾自己，讲究个人卫生，自己的衣物用品收放整齐，不乱摆乱放。

（3）主动整理宿舍内务，认真打扫卫生，不往楼下倒水，经常洗刷卫生间。

（4）生活节俭，不摆阔气，不乱花钱，不向父母提超越家庭经济条件的要求。

（5）尊重父母意见，听从父母教导，经常向父母汇报思想、学习、生活等情况。

（6）放假回家或收假回校，要向父母打招呼，不准在外留宿。

（7）体贴父母，尊敬祖父母，关心照顾长辈和兄弟姐妹。

6. 遵守公德严于律己

（1）遵守交通规则，注意交通安全，不违章骑车，不在道路上打球或踢球。

（2）乘公共汽车要主动购票，不抢座位，主动给老、幼、病、残、孕及师长让路让座。

（3）遵守公共秩序，购买物品或在食堂打饭要排队，对工作人员要有礼貌。

（4）爱护公共设施、文物古迹，爱惜花草树木瓜果，保护有益动物。

（5）参观博物馆、纪念馆，要守秩序，瞻仰烈士墓要保持肃静。

（6）观看演出和比赛时，要做文明群众，不起哄滋扰，结束时鼓掌致意。

（7）对违反社会公德和校纪校规的行为要进行劝阻。

（三）实施办法和要求

1. 加强领导。分管学生工作的校领导负责指导学校的学生进行道德行为规范教育。学生科、校团委是学生道德行为教育的职能部门，班级是学生道德行为教育的实施单位，每个教职工都是管理、教育学生的成员。

2. 各班要切实加强对学生道德行为规范的教育，把这一工作列入议事日程，各班级和每个学生都要有具体实施办法和工作计划。

3. 团委委员、学生会委员、全体学生干部必须以身作则，做出表率。

4. 针对青年学生的特点，注意运用影视广播、录像、图书、报刊、音乐、美术、墙报、演讲会、讨论会等形式，生动活泼地进行爱国、爱校、爱专业、爱科学、爱劳动、爱卫生、讲道德、讲文明、讲礼貌、守纪律等教育。

5. 学生科、校团委、各班级要大力宣传爱国、爱校、爱专业的先进典型经验，发挥榜样的示范作用，要对道德行为规范教育成绩突出的集体和个人，给予表彰和奖励。

五、学生一日生活管理规定

（一）起床

早晨起床号响后，立即起床，搞好室内卫生，做好出操准备。

（二）早操

（1）所有学生必须按时出操，因故不能出操的学生须经班主任批准方可缺勤。

（2）出操信号响后，全体学生以班级为单位，迅速到指定地点集合做操或晨跑，各班体育委员（或其他班干）应向纪检学生或老师报告出操人数。

（3）每周星期一早晨为举行升旗仪式的时间，举行升旗仪式时，要求学生着装整齐，严肃认真。

（三）洗漱

（1）洗漱应在各宿舍卫生间进行，注意维护公共卫生，要节约用水，不得向楼下吐水倒水。

（2）洗漱用具必须按规定在房间内摆放整齐，毛巾对折挂在规定地点，牙刷放入口杯内，头朝上，肥皂盒、饭盒统一放在桌面上或碗架上，保持房内整洁。

（四）内务整理

（1）起床后及时将床上衣物、用具整理好，把蚊帐收拢靠墙，被子叠放端正，枕头和枕巾放在被子上面，按统一方向摆放。床单要铺平，鞋子放在床底下，摆放成一条直线，鞋跟一律朝外。

（2）室内墙壁、床头、门背均不得张贴字画、图片及乱写乱画等，禁止在宿舍楼内燃烧废纸，严禁私接电源。

（3）室内个人衣服、鞋帽等物品，一律收放在箱柜内，不得随意摆放。

（五）白天自习课和晚自习课

（1）白天自习课和晚自习时间，学生一律在本班教室内学习（上机、参加大专班、兴趣班等除外）不准在宿舍自习，不能在自习课安排其他非学习活动。

（2）自习课中学生须遵守课堂纪律，保持教室安静，不得大声喧哗和随意走动。

（3）自习课一律按正常课进行考勤。

（六）收看电视

（1）各班在规定时间内（星期五晚），可以收看节目。

（2）收看电视时，要控制音量，以免互相影响。

（七）晚熄灯

（1）每天晚上熄灯前 10 分钟，在被告知关灯时间后，学生应抓紧时间洗漱并做好就寝准备。

（2）熄灯后宿舍（包括卫生间）即熄灯就寝，熄灯后，学生不得在走廊上走动，不得再进行娱乐活动和外出等。

（3）学生除在规定可以外出的时间外，其他时间一律不得随意外出，经批准外出的，须按时返校，不按时返校的作违纪处理。

（4）未经批准，晚上不准外宿，不准擅自留宿外来人员。

六、关于学生请假的规定

为了维护学校的正常学习、生活秩序，保证同学们的安全，根据国家教委有关中专学生学籍的规定，结合本校情况制定本制度。

（一）请假手续

学生在校期间一般情况下不得请假，因病因事需请假者，必须按规定，先办理请假手续。

（1）由请假者本人填写请假条，说明请假原因、去向、时间，请病假的须有校医务室证明或所就诊的医院证明。

（2）根据批假权限，逐级（班主任—学生科—主管领导）签字上报。

（3）经准假后，由请假者本人把请假条交给本班负责考勤的班干。需要回宿舍休息的，要把医务室或所就诊的医院证明交到宿舍管理处。

（4）凡请假离校回家、不在学校住宿者，必须凭本人请假条给班主任批假方可回家，否则按擅自外宿论处。

（5）学生在请假期间，如果客观情况发生变化，假期满而不能按时返校的必须提前1~2天打电话向批假人申请续假，如因特殊情况来不及打电话请示的，回校时必须向批假人申请补假，并说明补假的原因。

（二）批假权限

（1）病假。

① 请假1天的，由班主任审批。

② 请假2~5天的，由学生科科长审批。

③ 请假5天以上由主管副校长审批。

（2）事假。

① 请假2节课的，由任课老师审批。

② 请假一天的，由班主任审批。

③ 请假2~5天的，由学生科科长审批。

④ 请假5天以上的，由主管副校长审批。

（3）节假日及周末（含周五晚、周六和周日）：节假日及周末需要请假回家的学生必须先由家长来电说明，经班主任同意后方可回家。

七、关于实行学生半封闭式管理的规定

为了加强学生工作管理，确保学生有一个安全清静的学习、生活环境，学校决定对学生实行半封闭式管理，特规定如下：

（一）出入校门规定

（1）星期六上午8:00至晚上8:30；星期日上午8:00至下午5:30，以上时间为学生外出活动或办事时间，其他时间一律不能外出。特殊情况需要外出的，须由本人申请，经班主任或学生科签字同意后，方可凭假条在规定的时间内外出。

（2）需到工厂实习或到企业参观的同学必须由老师带队。

（二）学生宿舍管理规定

（1）宿舍内，学生必须服从宿舍管理人员的管理。

（2）不许带校外人员进入学生宿舍或在宿舍留宿。如有特殊情况，必须经学生科同意，在宿舍管理员处登记后，方可进入宿舍或留宿。

（3）晚上熄灯后，不许走串宿舍、喧哗。

（4）男生一律不准进入女生宿舍，女生一律不准进入男生宿舍。

八、关于禁止学生晚归和夜不归宿的规定

为了进一步加强学校校风建设，加大学生管理力度，防止学生无故晚归或夜不归宿现象的发生，特作如下规定：

（1）学生未经批准不得无故晚归或夜不归宿。星期六上午8:00至晚上8:30；星期日上午8:00至下午5:30，超出以上规定时间归校的以晚归论处，不回学校住宿的以夜不归宿论处。特殊情况需向班主任电话请假。

（2）非规定外出时间需要外出办事的必须经过班主任批准，并由班主任签发“出入证”后方可外出。

（3）需要回家或在外住宿的（包括双休日），必须向班主任请假，并由班主任签发“出入证”后方可外出，否则以夜不归宿论处。

（4）未经批准晚归的，第一次在班上给予通报批评，并扣3分操

行分；第二次晚归的，给予全校通报批评，并扣 4 分操行分；三次以上晚归的，给予警告处分，并扣 6 分操行分。

（5）无故夜不归宿的，第一次给予全校通报批评，并扣 4 分操行分；第二次夜不归宿的，给予警告处分，并扣 10 分操行分；三次以上（含 3 次）夜不归宿的，视情节及认错态度情况，给予警告以上的纪律处分，并通知家长和扣操行分。

九、关于撤销学生处分的暂行规定

根据《广西壮族自治区中等职业学校学生学籍管理规定（试行）》第七章第四十三条规定：对受处分的学生，有显著进步表现的，可撤销其处分（开除学籍的除外）。对学生的处分决定应存入学生的档案，撤销处分后，原则上可将有关材料从学生的档案中取出，存入学校的文书档案。根据这一规定，学校对撤销学生处分特规定如下：

（1）凡受到纪律处分的学生，每月必须按时写一次思想汇报，材料经班主任签署意见后上交到学生科。受处分期限到后，由受处分本人提出书面申请，班主任签署意见后报学生科审批。

（2）撤销处分时间。

① 受警告处分的，2 个月内有显著进步并按时上交思想汇报材料的可撤销处分，有突出进步的可适当提前撤销处分。

② 受严重警告处分的，3 个月内有显著进步并按时上交思想汇报材料的可撤销处分，有突出进步的可适当提前撤销处分。

③ 受记过处分的，4 个月内有显著进步并按时上交思想汇报材料的可撤销处分，有突出进步的可适当提前撤销处分。

④ 受留校察看的，在留校察看期间有显著进步并按时上交思想汇报材料的，留校察看时间到后可撤销处分，有突出进步的可适当提前撤销处分。

十、学生外出活动突发意外事件的议案

为了预防和处理学生外出活动突发意外事件，确保外出人员的生命安全，对学生外出郊游、实习和其他活动特做出如下规定：

（1）一般外出活动需申请，经学生科和主管副校长审批同意后，由带队老师对外出交通工具进行审定，如汽车的年审、保险情况，驾驶员的驾龄情况等。

（2）活动前组织学生进行安全教育。

（3）一旦有意外事件发生，带队老师要稳定学生情绪，统一指挥及时对意外突发事件开展自我救助工作。

（4）对一些重大的突发意外事件，在开展自救的同时，应立即向当地有关部门（如所在实习单位、景区管理部门等）申请援助。必要时拨打 110 救助。

（5）及时将事件发生的情况向学校领导汇报。

（6）对事件的发生经过写一份报告，以便对事件做好合理的善后处理工作。

十一、学生证管理规定

（1）学生证是学生的身份证件，每个在校生应当妥善保管。

（2）学生证必须随身携带，不得涂改和转借他人。

（3）学生证由学生科负责办理。新生入学注册后，由班主任负责按花名册领取并填写学生证，填写时内容要真实，经审查后，由学生科统一发放办理新生学生证工作，在新生入学后三周内完成。

（4）遗失学生证者，由遗失者本人向学生科提出申请，并由学生科审查后补办学生证。

（5）个别学生证损坏者，需携带原损坏件，由本人提出申请，经审查并交工本费后方能退换，退换学生证工作随时可进行。

（6）学生毕业、退学、转学而离校时，应交回学生证，否则不办理离校手续。

十二、学生佩戴校徽的规定

为了维护学校的治安秩序，确保全校师生员工的生命财产安全，树立学校的形象，特制订以下规定：

（1）凡出入校门及教室、阅览室、实验室等场所的学生，一律要佩戴校徽。

（2）没有校徽的学生需出示学生证，在两天内到校学生科补办校徽手续。

（3）无校徽或出示假校徽（借书证，别人校徽等）强行出入校门者，对其进行全校通报批评。

（4）借校徽给外人出入学校者，按规定给予纪律处分。

十三、学生宿舍的管理规定

（一）财产管理

（1）学生宿舍由校学生科分配给班主任，由班主任将房号分配给学生，并张贴房号和床位表。学生就位后不许私自搬迁床位，不许撕毁房号表和床位表，违者给予通报批评。

（2）学生宿舍的固定财产由总务科统一配置、登记、造册，由各班主任验证签收。

（3）每个学生宿舍统一配备一台电风扇、两支日光灯，每人一张床。除上述家具财产外，任何宿舍不得多占、多用。

（4）为规范宿舍管理，学生个人物品要从简，每人只许自备一个皮箱，不许存放任何其他物品。

（5）学生要爱护公共财产，如有丢失、损坏和排水道堵塞等现象要负责赔偿或承担维修费用（正常损耗除外）。如有破坏者，除赔偿、罚款外，还要给予纪律处分。

（6）学生要养成节约用水用电的习惯，做到人离关门、灯、扇，随手关好水龙头，卫生间不得开长明灯，每个学生每月限用电 2 度，每人每月限用 4 吨水（夏季 5 吨），超过使用水、电限度的要按物业部门收费标准收费。要增强防火、防盗意识。

（二）秩序管理

（1）学生宿舍实行半封闭式管理，在上课（含自习课、实习课、劳动课和体育课）时间学生一律不得进入宿舍（因病经医务室同意，可凭疾病证明和本人校徽，经登记后方可进入）。

（2）学生要严格遵守宿舍管理制度，自觉配合管理人员的工作。

凡有以下情况之一者，第一次给予警告处分，第二次给予严重警告处分，第三次给予留校察看的处分。

① 不服从管理，不听劝告，未经允许和登记，擅自闯进（或闯出）宿舍的。

② 从学生宿舍楼后爬进或从楼上往外跳出宿舍的。

（3）晚上超过规定时间回校或宿舍者，一律给予通报批评或纪律处分。

（4）学生一律不得外宿和擅自留宿他人，违者给予警告以上的处分。

（5）禁止到异性学生宿舍串门、会客，如需找人，在宿舍楼外会客。

（6）在中午、晚上休息时间，学生宿舍应保持安静，不得做影响他人休息、扰乱正常秩序的活动（如说话、起哄、喧哗、唱歌、猜码、吹弹乐器、打牌、跳舞、溜冰、开收音机、录音机、穿木板鞋等），违者没收有关用具，并给予通报批评。严禁在学生宿舍内打麻将，违者没收麻将，给予警告以上的处分。

（7）严禁在学生宿舍内私接电源、生火煮食，在床铺上点蜡烛等，违者将给予当事人警告以上的处分。如因此而引起火灾等严重事故，则从重处理。

（8）任何时候，不准任何人在学生宿舍内兜售商品，违者一律没收其钱物，并给予通报批评或纪律处分。

（9）学校领导、值周老师和学生干部到学生宿舍巡视、检查时，学生要讲文明、讲礼貌，主动配合搞好检查工作，如故意采取不合作态度，给予通报批评；如有讽刺、辱骂检查人员的行为或检查宿舍时故意调换锁头逃避检查，给予当事人警告处分，该宿舍内务卫生按零分计。

（三）卫生管理

（1）卫生管理的要求。

① 搞好室内卫生。按内务卫生规范的要求，做到每天一小扫，每

周一大扫（包括周六、日），保持宿舍整洁、美观。

② 搞好走廊卫生。宿舍走廊卫生实行门前三包“包清洁、包整齐、包干燥”。垃圾铲一律不得放在走廊。

③ 搞好宿舍环境卫生。要求学生把垃圾、杂物放在指定的垃圾桶（袋）内。严禁在宿舍及其周围烧废纸、乱倒剩饭菜，严禁乱倒剩菜、垃圾杂物，乱贴乱画，乱吐痰；往墙上打球、踩脚印、泼洒墨水者除责令当事人负责打扫干净外，还要给予通报批评或纪律处分等。

（2）内务卫生规范化的要求。

① 床铺整洁。

A. 蚊帐挂起并整齐靠墙。

B. 被子叠齐，枕头、枕巾放在被子上，方向统一，摆放端正。

C. 席子、床单干净整洁，床上不摆放任何衣服、书、玩具等其他物品。

② 物品整齐。

A. 鞋子摆放在床底，摆放成一条直线，鞋跟朝外。

B. 行李架上的皮箱、行李袋，碗架上的饭碗、口盅、洗涤用品等摆放整齐。

C. 阳台的铁桶、脸盆、毛巾等摆放整齐。

D. 个人衣物一律收放在箱、柜内，宿舍内不悬挂任何衣物。

③ 清洁卫生。

A. 地面（包括宿舍、走廊、阳台等）桌面干净、清洁。

B. 行李架、碗架、皮箱、门窗、灯具、电扇、墙壁干净，无灰尘、杂物，室内无蜘蛛网。

④ 典雅美观。

宿舍整体布置、摆放美观、典雅、得体，没有任何乱写、乱画、乱贴现象。

十四、学生宿舍的检查

（一）宿舍财产的检查

由总务科、学生科分管学生工作的领导对学生宿舍财产进行定期检查和不定期抽查，发现有违反宿舍财产管理规定的，及时纠正，并追究当事人责任。

（二）宿舍秩序的检查

由值周领导、班主任、老师和值周学生干部在午休时间和晚上熄灯号响后对学生宿舍秩序进行检查，对违纪现象及时予以制止并登记。

（三）内务卫生的检查

（1）由值周领导、班主任对所有学生宿舍进行定期检查或不定期抽查，每次检查或抽查均按内务卫生规范化的要求执行，并及时予以公布。

（2）全校学生宿舍定期检查时间由学生会劳动部规定，一般每周定期检查1次。

十五、学生宿舍内务卫生的评比办法

为了达到绿化、美化、净化校园的目标，创造良好的学习生活环境，大力整理“脏、乱、差”的现象，增强同学们的环保意识。特规定如下的评比办法：

（一）内务卫生评比标准

（1）蚊帐统一方式悬挂，被子折叠整齐，摆放位置统一方向。

（2）室内、走廊地面干净，垃圾存放在垃圾桶中垃圾袋内。

（3）鞋子、餐具、箱子等日用品统一摆放整齐。

（4）室内不准挂衣服等物品，电话一律放在电话架上，不准加长电话线或私接电源。

（5）室内外不准乱贴、乱写、乱画，天花板、门窗干净清洁。

（二）评比办法

（1）评比人员由校值周领导、学生科、值周班主任组成，每周至少进行两次不定期评比。

（2）根据评比标准，以宿舍为单位，对每次进行评比评出“较好、较差”。汇总评比结果评出“较好”和“较差”等级。“较好”等级：五项评比项目中，至少有四项被评为“较好”。“较差”等级：

五项评比项目中，有三项被评为“较差”。若有以下现象：不挂蚊帐、不叠被子、不打扫地面（指地面有烟头、饭菜等脏物），无论其他项目评比结果如何，一律评为较差。

（三）奖惩办法

评比结果与“文明宿舍”与班主任目标管理津贴挂钩，每次评比结果及时公布，并通报到各个班主任。

十六、学生奖惩条例

学生的奖惩办法参照《学生奖惩条例》。

第一章 总 则

第一条 为了调动学生的积极性，维护正常的教学、生活秩序，提高教学教育的质量，根据国家有关普通中专学生学籍管理的规定，结合本校情况，特制定本条例。

第二条 学生在校期间必须遵守国家法律、法规，遵守学校的各项规章制度，爱护公共财物，学习和掌握专业知识和专业技能，努力完成学业。

第三条 学校实行奖惩制度。奖励实行精神鼓励和物质奖励相结合，以精神鼓励为主，对违反纪律的学生，要坚持思想教育为主，处罚为辅的原则。

第四条 本条例适用于所有在校的具有本校正式学籍的学生。

第二章 奖 励

第五条 凡取得我校正式学籍的学生，在德智体全面发展优异或在思想品德、学习成绩、社会工作、文体活动等某一方面表现突出的，都会给予相应的奖励。

第六条 对学生的奖励具体可分为口头表扬，通报表扬，授予荣誉称号，发给奖状、证书、奖品、奖金等形式。

第七条 凡符合先进班级、文明班级、文明宿舍条件的班级、宿舍，可评为“文明班级”“文明宿舍”，发放锦旗、奖状和奖金或其他奖品。

第八条 凡符合优秀三好学生、优秀干部（含班团干）、单项积极分子的学生，可授予相应的荣誉称号，发放荣誉证书和奖学金，并填写先进事迹登记表，存入本人档案。

第九条 凡拾金不昧、见义勇为和做其他好事的学生，视拾得金额多少、事迹的影响程度，分别给予通报表扬或嘉奖。

第十条 对积极参加区、市、校级各种比赛，并获得名次的学生，给予单项奖励。

第十一条 举报学生各种违纪行为，经查情况属实的，给予适当的奖励，并给予记功和加分（操行分）奖励。

第十二条 凡获各种奖励的学生，在学生操行分中都予以加分，加分办法按有关规定执行。

第三章 处　　分

第十三条 对犯有错误的学生，视情节轻重给予批评教育或纪律处分。

第十四条 对违纪学生的处分分为以下 5 种：（1）警告；（2）严重警告；（3）记过；（4）留校察看；（5）开除学籍。

第十五条 新生入学三个月内，发现有弄虚作假取得学籍或经常违反校规，不接受教育，或犯有严重错误者做退学处理。

第十六条 一学期旷课累计达 10 课时者，给予警告处分；达 20 课时以上者，给予严重警告处分，30 课时以上给予记过处分；达 50 课时以上者，给予留校察看处分；达 90 课时或在学期期间旷课累计超过 120 课时（旷课一天，按 8 课时计）者，给予开除处分。

第十七条 学生违反学生宿舍财产管理、秩序管理、卫生管理有关规定者，按《学生宿舍管理细则》有关规定予以处理。

第十八条 凡不服从门卫管理，谩骂门卫，与门卫无理取闹者，一律给予警告以上的处分，情节严重的做退学处理。

第十九条 凡借校徽给他人使用，或向他人借用校徽者，均给予通报批评。

第二十条 除经学校批准外，严禁学生到校外江、河、湖、水库游泳。如有违反，第一次给予留校察看处分，第二次做退学处理。

第二十一条 学生体检有作弊行为的，一律给予留校察看以上的处分。

第二十二条 故意破坏公共财物者，除按价赔偿和罚款外，视情节轻重、认错态度，给予警告、严重警告，直至开除学籍的处分。

第二十三条 经查实学生有赌博、偷盗、抢劫、打架斗殴、聚众闹事行为的，一经发现并查实即做出警告处分以上处理。

第二十四条 有下列行为之一者，视情节轻重和认错态度，分别给予通报批评或相应的纪律处分。

1. 在上课、自习、开会、劳动、早操、课间操、实验、实习等活动中扰乱秩序者。

2. 在教室上课时穿背心、内短裤、拖鞋者。

3. 随地丢纸屑、丢瓜果壳，从楼上往楼下或在走廊内倒水或乱丢杂物者。

4. 讲脏话骂人，挑唆别人吵架者。

5. 同学打架斗殴，聚众闹事时围观帮凶者。

6. 给他人作伪证或故意包庇他人违纪行为者。

7. 抽烟、酗酒、浪费粮食和水电者。

8. 对女同学和其他女性，有戏弄、挑逗、污辱等各种流氓言行者。

9. 讽刺、打击报复先进者，恐吓他人，拉帮结派，破坏团结、破坏正常学习、生活、工作秩序者。

10. 有不尊重教职工的言行或态度恶劣，拒不接受批评教育者。

11. 不服从学生干部检查纪律者。

12. 在教室、宿舍、集会或其他场所起哄者。

13. 有其他违纪行为者。

第二十五条 凡发现有恋爱行为者，给予批评教育；经教育不改的，视情节轻重，给予纪律处分或做出结业处理。凡有非法与异性同居（不管是否发生性关系）的，一律给予勒令退学或开除学籍处分。

第二十六条 有反对四项基本原则或其他反动言论和行为者，组织和煽动闹事者，扰乱正常教学秩序或公共秩序，破坏安定团结者，给予留校察看或开除学籍处分。构成犯罪的，送公安机关处理。

第二十七条 凡受到公安部门处罚者，一律给予开除学籍处分。

第二十八条 毕业班学生（在最后一学年）因违纪受留校察看处分，如未被撤销处分的，则做推迟毕业处理，学校不安排就业。

第二十九条 学生受处分期间违反校规，给予从重处分。对屡教不改者或在被留校察看者，处分期间仍故意违反校纪再受处分者，给予劝退或开除学籍处分。

第三十条 对学生做出的纪律处分，记留校察看以下的处分由学生科审批；留校察看以上处分的，须经校领导班子讨论决定。

第三十一条 受警告以上（含警告）处分的学生，在处分期间，不得参加任何先进个人的评比，不得享受奖学金待遇，并要扣减其操行分和就业积分。

第三十二条 对受处分的学生（劝退学和开除学籍的除外），有显著进步表现的，可以撤销其处分，撤销其处分的审批权限按处分的审批权限执行。

第三十三条 对学生的处分决定存入学生的档案，撤销处分后，原则上可以把有关材料从学生的档案中取出，存入学校的文书档案。

第三十四条 被劝退学、开除学籍的学生，其户口均迁回入学前户口所在地。

第三十五条 本条例由学生科解释。

十七、先进班集体评比办法

为了培养和加强学生的集体荣誉感，激励学生德、智、体全面发展，使学雷锋，创“三好”活动深入持久地开展下去，形成一个良好的校风、班风、学风，根据历届评选的经验，结合学生的现实情况，特制定本规定。

（1）全班同学均认真参加政治学习和学校开展的各项活动，热爱集体，珍惜粮食，尊敬师长，团结同学，乐于助人，有良好的班风和高度的集体荣誉感。各项指标均达到“达标班目标管理”的要求。

（2）有一个好的班委会，班（团）干部协作良好，热心为同学服务，工作积极，责任心强，敢于揭露各种不良现象，能以身作则，维护学校的各项规章制度，带领全班同学出色地完成学校交给的各项任务。

（3）组织纪律好。全班同学遵纪守法，违纪受到纪律处分的学生少，班主任工作积极，没有以情代纪，包庇违纪现象。

（4）文体活动开展得好，全班同学体育达标率在90%以上，文艺、宣传工作搞得好，并在比赛中获得过名次。

十八、文明班级评比细则

（一）评比项目及办法

（1）评比项目：纪律、休息、教室、宿舍、绿化带区域卫生，早晚读、早操、晨跑、晨练、劳动等。

（2）每班评比基础分为 200 分或 195 分（30 人以上为 200 分，30 人以下为 195 分），每周从高分到低分评出（30%）文明班级，不得出现并列；如出现评比分数相同，则参考请假节数，若再相同则参考班级人数。

（3）文明班级评比由值日老师按评比细则进行评比，评比以公开、公正、公平为原则。当天评比结果在当天公布于公开栏，接受师生监督。星期一于教学楼电子屏幕公布获得文明班级称号的班级及相应班级的班主任和班长名单，给予精神鼓励。

（二）评比细则

1. 纪律

（1）课堂纪律。

① 迟到 1 人次扣 1 分，早退 1 人次扣 1 分，旷课 1 节扣 5 分，自习嘈杂每次扣 5 分。

② 上课扑台睡觉 1 人扣 1 分，吃东西每人次扣 2 分。

③ 玩手机或游戏机 1 人扣 2 分。

④ 上课看小说或杂志等无关书籍，每人每次扣 2 分。

⑤ 离开微机室鞋子乱放的每双扣 1 分。

（2）课外纪律。

① 穿不符合学生身份的衣服上操、在走廊玩球扣 5 分。

② 破坏学校公共财物的，视破坏程度每人扣 10~20 分（加倍赔偿）。

③ 在教室及走廊玩球扣 5 分。

④ 凡穿戴耳环的扣 5 分/人。

⑤ 凡发现损害学校花、果树的，每次每人扣 10 分。

（3）宿舍纪律。

① 乱拉乱接电，敲打宿舍墙壁、床架等，视情节轻重，每人扣 5~10 分，在宿舍生火或煮东西等每次扣 10 分。

② 在宿舍区玩球造成不良影响的 1 人次扣 5 分，在宿舍栏杆上坐

或逗玩的每人扣5分。

③ 上课时间宿舍不上锁、不关门，每宿舍每次扣5分。

④ 晚上作息铃响后，宿舍不关门的，每宿舍扣5分。

⑤ 晚上作息铃响后15分钟随便走动的，每位同学扣3分/次。

⑥ 早上提前起床，每生扣3分/次。

⑦ 晚作息铃响后15分钟还在超市逗留的，每生扣5分。携带刀具等违禁物品的，扣每人20分。

⑧ 凡无批准条而强行进出宿舍的每人每次扣10分。

⑨ 凡发现借用或伪造外宿证、校徽的每生每次扣10分；携带管制刀具等违禁物品的，每人扣20分。

2. 午休

① 午休铃响后15分钟，仍没有休息，大声说话的每宿舍扣5分。

② 午休时间在宿舍打扑克、下棋、玩手机等扣5分/人次。

③ 午休时间在运动场运动（如打球等）每人次扣3分。

④ 午休时间凡在校园游荡或在教室逗留的每人次扣3分。

3. 教室卫生、宿舍卫生及内务、绿化带区域卫生由检查组人员负责检查扣分（另行规定）

4. 早读、晚读

① 早读、晚读无书声的班级每班扣5分。

② 早读、晚读有书声，但书声不洪亮每班每次扣2分。

③ 早读、晚读有同学睡觉每人每次扣1分。

④ 早读、晚读有同学乱位、大声说话每人每次扣2分。

5. 晚休

① 晚休息灯铃响后15分钟，不按时作息，大声说话的每宿舍扣5分，不听劝告的，每次扣10分。

② 熄灯后10分钟仍在宿舍走廊站立的每人2分。

③ 熄灯后宿舍仍点蜡烛的每宿舍每次扣3分。

④ 熄后10分钟后仍在宿舍下棋、打扑克、玩手机的每人每次扣5分。

⑤ 熄灯铃响后10分钟，宿舍仍不熄灯的扣5分/宿舍。

6. 早操、晨练

① 旷操1人1次扣2分。

② 队列不整齐每次每班扣2分。

③ 早操虚报人数将被严厉惩罚，每虚报1人扣5分。

7. 不完成劳动任务的扣5~10分/班

星期三前还没在文明班级评比记录册中填好班级人数和出操人数的，扣20分/班；星期日第一节前还没上交考勤表或流动红旗的，扣30分/班。

8. 离开教室或宿舍不关灯、电风扇，每盏灯或风扇扣3分，离开宿舍不关水龙头的，每个扣5分。

9. 在校内乱扔杂物扣3分；踩踏草坪，每人次扣5分；晚上检查在花园区里男女共处的，每人扣10分。

10. 开会、集合，班级被领导当场点名批评的，每次扣5分。

11. 学生顶撞、侮辱教职工扣10分；侮辱同学扣10分。

12. 检查时不佩戴校徽的，每人扣3分（含出入校门）；留长发和怪发的，每人次扣5分；穿拖鞋上教室或实训室的，每人扣3分。

13. 打架、偷窃、恐吓勒索财物、谈恋爱等视情节轻重每人次扣10~20分；赌博、喝酒、通宵、抽烟、猜码、异性串门，每人次扣10分；

14. 强行进出校门的每人每次扣10分。

15. 其他未规定到的由学生科依据相近条例酌情处理。

（三）加分条例

1. 早操、课间操按时到位、人数齐、纵横队列好加1分、所有成员动作认真、到位加1分；

2. 早晚读书声朗朗或晚读歌声响亮，每次加2分；

3. 晨跑全班步伐整齐，没有谈话吵声，没有中途落下，加2分；班主任跟跑另加2分。

4. 检举违规行为者每人次加5分。

5. 体育比赛或文艺表演、技能竞赛等团队精神好，人人关心的，视情况酌情加 2~5 分。

获奖加分情况：

校级：团队一等奖加 5 分；二等奖加 4 分；三等奖加 3 分；优秀奖加 2 分；个人一等奖加 3 分；二等奖加 2 分；三等奖加 1 分；优秀奖加 0.5 分。

注：如果是小范围（部级）的比赛，只加以上分数的一半；市级以上技能竞赛则加分翻倍（其他比赛视情况加分）。

十九、“优秀学生干部”和“三好学生”的评选及奖励办法

（一）评选的条件

操行是衡量一个学生道德品质、素质修养、纪律状况的综合指标，每一个学期班主任给每位学生评定一次操行分，操行分按百分制计算，90 分以上为优秀。操行优秀者才有条件评选“优秀学生干部”与“三好学生”。

1. 三好学生（其比例占学生总人数的 15% 以内）

（1）思想好。坚持四项基本原则，热爱社会主义祖国，拥护中国共产党领导，立志为社会主义事业服务；尊敬师长，关心集体，团结同学；讲礼貌，遵守社会公德和学校规章制度；积极参加劳动；爱护公共财物；有良好的共产主义道德品质，敢于开展批评与自我批评，敢于同坏人坏事做斗争，操行优秀。

（2）学习好。学习目的明确，热爱专业，勤学好问，刻苦钻研，能够较好地掌握各门功课的基础知识和基本技能，学习成绩优良，考试科目成绩平均在 85 分以上，单科成绩最低为 75 分，考查科目在 80 分或良好以上（学生干部考试科目的平均成绩可降低 5 分）。

（3）身体好，积极参加由校内外组织的各种文体活动。讲究卫生，一年内病假累计不超过一周，体育成绩不低于 70 分。

2. 优秀学生干部（其比例占学生干部 40% 以内）

（1）具备三好学生条件，各科平均成绩在 80 分以上，单科成绩不得低于 70 分，体育成绩不低于 70 分。

（2）能严格要求自己，以身作则，任劳任怨，起模范带头作用，在同学中有较高的威信，能得到大多数同学的拥护和支持。

（3）热心服务，责任心强，工作主动，认真负责，有较好的组织能力。能组织同学积极完成学校交给的各项任务。

（4）能团结同学，联系群众，诚恳地鼓励和帮助同学学习、提高政治思想觉悟，克服缺点。

（二）评选方法

（1）参照评选条件，每学期末结合学期小结进行初评，学年末结合学年总结进行总评。

（2）三好学生、优秀学生干部由学生评议，提出初选名单，再由班主任召开班委会进行审议，交学生科审批。

（3）先进班集体由各班提名，被提名的班级需整理材料交学生科，然后召开班主任会议，广泛征求意见，提出初选名单，由学生科审核，最后经学校领导审批。

二十、学生操行评定办法

为了加强学生思想教育和日常管理工作，全面推进素质教育，把我校学生培养成为有理想、有道德、有文化、守纪律的社会主义现代化建设者和劳动者，特制订如下操行评定办法：

（一）评分的依据和标准

1. 根据《中等专业学校学生守则》和《中等专业学校学生学籍管理规定》，并结合我校的管理制度，每个学生每月的操行基础分为18分，学生每月必须严格遵守各项规章制度，表现好，无过失的，不扣分（加分的另计）。如过失违纪，按规定扣分，每个学期按5个评分、5个操行分（包括加分）总和为学期操行分。

2. 扣分

（1）旷课每节扣2分，迟到、早退扣1分。

（2）事假每1节扣0.2分。

（3）上课或实验不专心，偷看其他书、睡觉或做影响课堂纪律的行为，每次扣1分。

（4）不按时交作业或实习报告的每次扣1分。

（5）组织观念不强，不接受检查或不接受任务的，每次扣1分。

（6）在上课、集会等场所穿拖鞋或背心，不按规定佩戴校徽的每次扣1分。

（7）不按时休息，争吵、打闹并影响他人休息的，每次扣1分。

（8）休息时间在宿舍或教室打扑克、搓麻将、下象棋或开电视、打电话等，每次扣2分。

（9）不讲卫生，在宿舍或走廊煮东西或乱丢果皮等杂物的行为，每次扣2分。

（10）校部安排值日者打扫卫生区，无故不履行职责者，每次扣2分。

（11）教室、卫生区、学生宿舍中任何一项卫生评比不合格或“较差”，值日生每次扣2分，其他有关人员扣1分。

（12）故意损坏公物或责任心不强而丢失公物的，除照价赔偿外，每次扣1~3分。

（13）未报学生科或保卫科批准，私自留宿校外人员的，每次扣3分。

（14）未经批准，在规定不准离开校园的时间私自出校门的，每次扣5分。

（15）发现抽烟、猜码、赌博、乱喊乱叫、起哄等的，每次扣3~6分。

（16）阅读、传抄、收藏黄色书刊或偷看黄色淫秽录像的，每次扣10分。

（17）晚上熄灯后点蜡烛或使用其他照明工具而影响他人休息、的，每次扣2分。

（18）未经批准而夜不归宿者每次扣6分，晚归者每次扣3分。

（19）男女生互串宿舍的，每次扣3~6分。

（20）发现私接电源使用电器的，除按学校规定处罚外，每次扣5~10分。

（21）因违纪受到学校通报批评或纪律处分的，按以下扣分：受通报批评的扣 3 分；受警告处分的扣 10 分；受严重警告处分的扣 15 分；受记过处分的扣 20 分；受留校察看处分的扣 30 分。

（22）爬墙进出校园的每次扣 10 分。

（23）不能正确处理男女同学关系的每次扣 10 分。

3. 加分

（1）受到学校通报表扬的每次加 5 分，值周人员口头表扬的每次加 2 分。

（2）内务卫生检查中被评为“较好”的值日生每次加 2 分，其他人员加 1 分。

（3）积极参加青年志愿者活动、拾金不昧、助人为乐、举报各种违纪违法行为，制止不文明行为等的，视具体情况，报学生科审批，每次加 2 分以上。

（二）评分办法

（1）以班为单位，由班干部记录本班同学各方面情况，同时由学生会、团委值周人员督查，月终由班长按规定填写操行评分表，交班主任审核后公布。

（2）学期操行分即该学期五个月操行分的总和，但班主任可以全面地考核每个学生整个学期的操行表现，在 10 分范围内增减学生的操行总分，报学生科审批，最后确定每个学生该学期的操行等级：90 分以上的为优秀；70~89 分的为良好；60~69 分的为及格；59 分以下的为不及格。

（三）奖惩

（1）受学校纪律处分或有违纪被扣 5 分以上的，该学期操行不能评为优秀（只能评为良好以下）。受记过处分的，该学期操行为不及格。

（2）操行优秀（90 分以上）的才有资格参加“三好学生”“优秀学生干部”的评选。

（3）每学期操行分名列前三名（90 分以上）的，学校授予“操行优秀生”的称号。

二十一、班委会的任务及各委员的职责

班委会的任务：班委会是在班主任的领导下开展工作的学生群体，它的任务是协助班主任做好本班同学的思想、政治、学习、文娱体育、课外活动以及生活等各方面的工作，并起到上通下达的桥梁作用。班委会与班团支部要互相配合，团结本班同学，积极开展社会主义精神文明建设，把本班建设成为一个文明班集体。班干部在各方面要起到模范带头作用。

（一）班长职责

（1）负责班委的全面工作，指导和督促检查各委员做好职责范围内的工作。

（2）认真抓好班风和学风的建设，培养和形成一个团结友爱、奋发向上、纪律严明的良好班集体。

（3）召集和主持班会、班委会；传达贯彻学校的有关规定，完成学校交给本班的任务。

（4）协助班主任做好本班的政治学习工作，了解本班同学的思想、纪律、学习及其他各方面的情况，及时向班主任或学校有关部门反映。

（5）负责组织和带领本班同学参加各种集体活动，维护好本班纪律秩序，并将参加人数及有关情况向主持人报告。

（6）办理其他班委管不到的工作。代表本班与其他班级或者学校有关部门，进行各种联系。

（二）副班长职责

协助班长进行上述工作，班长不在时代理班长工作。

（三）学习委员职责

（1）协助科任教师抓好本班同学的学习，向班主任、科任老师及学校有关部门及时反映本班的学习情况和同学们对教学教改的意见。

（2）组织同学写稿，出版墙报、板报及本班内学习园地。介绍学习经验和发学习资料。经常给学校广播室组织稿件。

（3）负责发课本、讲义及学习用品，以及做好其他和学习有关的工作。

（4）负责有关学习比赛的活动。

（四）纪律委员职责

（1）教育、督促本班同学执行学生守则、学校各种则章制度，维护好本班生活、学习纪律秩序。

（2）负责本班同学课堂、自习、自修的考勤登记工作，按时向学校填报有关表格，向班主任和学校反映本班同学执行纪律的情况。

（五）生活委员职责

（1）负责办理同学有关生活上的问题。

（2）负责收集同学对学校吃饭等方面的意见，向学校有关部门反映。

（3）教育、督促检查本班同学爱护学校及本班的公物，注意爱护粮食，节约用水用电。

（4）协助学校做好本班的防疫卫生工作及维持宿舍内务卫生、教室卫生。

（六）劳动委员职责

（1）负责完成学校交给的劳动任务。

（2）负责组织指导和检查督促本班教室内外清洁卫生，安排好教室、宿舍和卫生清洁区的轮值打扫工作。

（七）文娱委员职责

（1）组织本班文娱演出和课外娱乐活动。

（2）组织本班课外练歌，组织本班参加学校文娱比赛活动。

（八）体育委员职责

（1）协助教师上好体育课，保管好发到本班的体育器材。组织本班参加各种体育训练和比赛。

（2）组织本班的早操、课间操及各种体育活动。

（九）女生委员职责

（1）负责本班女生工作，检查督促本班女同学做好各项工作。

（2）协助学校学生科做好女生午休及晚休纪律检查工作。

（3）深入了解本班女生，并负责向学校反映本班女生思想动态。

二十二、班主任工作

（一）班主任的职责与权利

1. 班主任的职责

（1）主持制订班级工作计划，全面负责本班学生的日常管理工作。

（2）负责新生接待、入学教育、床位编排和军训管理工作。

（3）了解本班学生思想情况，做好学生的思想教育、纪律教育和安全教育工作。

（4）选拔、培养本班学生干部，支持、指导学生干部开展工作，向专业、学校推荐学生干部人选。

（5）负责对本班教室、宿舍的管理，督促班干做好考勤工作。

（6）组织、指导学生开展各项有益的学习、文娱、体育活动和学雷锋活动。

（7）负责本班的奖学金评比、先进个人评比和学生综合测评排序工作。

（8）负责填写、寄发学生家庭报告书，及时与学生家长联系，共同做好学生的教育工作。

（9）做好违纪学生和后进学生的思想教育工作，对违纪学生提出处理意见。

（10）做好毕业生的思想教育工作，参与毕业生分配工作，对毕业生的择业进行指导。

（11）办理上级领导交办的有关学生管理的工作。

2. 班主任的权利

（1）有权根据学校有关规章制度和要求，制定本班的班规或实施方案。

（2）有权调整和任免本班的班干部和向学校团委提出对本班团干任免的意见和建议。

（3）有权对本班学生的奖惩提出意见和建议。

（4）有权对本班学生的毕业分配推荐提出意见和建议。

（6）有权对本班奖学金的评定和使用提出意见和建议。

（7）有权对学校的学生管理工作提出意见和建议。

（8）享受学校按规定发放的班主任津贴。

（9）享受学校按有关规定给予的有关待遇。

（二）班主任常规工作要点

1. 新生班级

（1）新生入学前的工作。

① 阅档，摘录学生基本情况。

② 先定临时班团干部人选。

③ 编排座位，安排宿舍。

（2）新生入学期间的工作。

① 做好新生和家长接待工作。

② 指导学生缴费注册，完善报到注册手续。

③ 组织学生劳动，打扫教室、宿舍卫生。

（3）新生入学教育阶段的工作。

① 召开第一次班会：安排座位，分小组，相互熟悉。公布班级临时负责人名单，安排入学教育活动。

② 按学校迎新生活动安排进行的工作。组织学生参加开学典礼大会，配合有关部门进行中专学生守则及纪律教育、专业介绍及学籍管理教育，组织学生参加军训和劳动。

③ 召开第一次临时班委、团支委会议：介绍情况，布置工作，提出要求，明确小组长、宿舍室长，明确团支部人员名单、团支部干部名单，安排一次团支部大会。

（4）正常教学阶段的工作。

① 熟悉班主任工作制度和学生管理制度的有关内容。

② 组织学生认真学习。

③ 对学生进行思想教育、纪律教育、安全教育和团结教育工作。

④ 个别谈心，了解情况，稳定情绪，注意思想动态。

⑤ 指导学生办理各种证件、手续。

⑥ 指导学生安排生活问题，主动关心经济困难的学生。

⑦ 考察、了解临时班团干部情况。

⑧ 与任课教师联系，及时了解学生的学习情况。

⑨ 通过一定方式加强与新生家长的联系。

⑩ 落实创文明班级、文明宿舍活动的计划。

2. 非新生班级

（1）开学期间的工作。

① 制订新学期班级工作计划，做好开学的各方面准备工作。

② 了解、掌握学生报到注册情况和补考学生的补考情况。

③ 了解学生假期情况，召开主题班会，组织学生畅谈假期见闻，畅谈新学期个人打算。

（落实好清洁卫生工作，创造新学期教学秩序的良好开端）。

（2）正常教学期间工作。

① 完成上一学期的各项评比工作。

② 调整班委、团支部成员。

③ 围绕创先进班级活动，加强班集体建设。

④ 按学校总体要求，开好班会，转变班风和学风。

（3）学期学年末的工作。

① 温课迎考动员。

② 学生小结，操行自我评定，班主任评语的完成。

③ 班级工作和班主任工作小结。

④ 期末安全和卫生教育。

⑤ 假期要求和假期家访工作。

3. 毕业班级

（1）了解学生毕业实习情况和表现。

（2）了解学生家庭情况变化及其对分配问题的想法和态度。

（3）进行服从分配学生的思想教育工作。

（4）组织、指导学生填好各种材料，认真写好学生毕业鉴定。

(5)对毕业生的分配提出建议。

(三)班主任管理条例

班主任管理工作,是学校管理工作的一个重要方面。加强班主任管理是学校有效、全面地实施学生管理的基础和基本途径,为此特制定班主任管理条例。

1. 班主任的任职条件

(1)拥护党在社会主义初级阶段的基本路线,坚持四项基本原则,贯彻党的教育方针和路线。

(2)热爱学生,热爱教育事业,热爱班主任工作,品德端正,能以身作则,率先垂范,为人师表。

(3)教育思想端正,有一定的教育科学知识和一定的教育能力。有较强制责任心和一定的组织管理能力。

2. 班主任的免职条件

对不履行班主任职责,玩忽职守,有重大责任事故,或因其他原因不适合做班主任工作的,应免去其班主任职务。

3. 班主任的任免

班主任的任免由学生科提出候选人,校长办公会决定。

4. 班主任的待遇和奖励

(1)班主任任职期间,根据工作情况和工作效果分别享受六个等级的班主任津贴。

(2)建立班主任表彰奖励制度。对在班主任工作中做出显著成绩的优秀班主任,进行表彰和奖励,并作为考核、晋级的依据。

5. 班主任工作领导与管理

(1)班主任工作由主管教学、学生工作副校长领导,具体由学生科负责管理。学校要把班主任工作放在重要位置,每月召开一次班主任会议,了解情况,听取意见,研究问题,交流经验,指导督促工作。

(2)建立班主任业务档案。把班主任任职期间每学期的班级工作计划、工作总结、平时工作记录、每个月的考核成绩、荣获的荣誉等材料存档。把班主任业务档案作为班主任工作考核的重要依据。

(3)严格完善班主任工作的管理和监督

① 要求班主任每做到“五个三”“二个二”即每周下班不少于3次，出操次数不少于3次，值周班的班主任跟班指导不少于3次，下学生宿舍不少于3次，检查晚休不少于3次。周末跟班大扫除，每周至少召开一次班会。每个学期找学生谈话不少于20次。

② 班主任工作若有两个月工作考核不及格，当年业务考评按不及格计。同时不能晋升职称、职务和工资。

③ 任何教师在申报职称前四年中应有两年的班主任任职，否则不予考虑晋升职称。

④ 结合《班主任工作综合考核计分计酬办法》对班主任进行管理和监督。

(四)班主任班级建设管理目标

1. 建设良好的班风

(1)建立和健全班集体、确定班级共同的奋斗目标，培养班级成为健康向上、团结坚强的整体。

(2)选择和培养积极分子，组织班集体核心，有力地带领全班同学为实现共同目标而努力。

(3)形成正确健康的集体舆论，凝聚班集体力量，抵制歪风，树立正气，创造一个良好的内部环境。

2. 加强学生的德育教育

(1)对学生进行政治思想教育。培养学生坚定、正确的政治方向，坚持四项基本原则，拥护中国共产党的领导，增强学生的政治免疫力，反对邪教，自觉地维护社会主义法制。

(2)对学生进行思想教育。以马列主义、毛泽东思想、邓小平理论及“三个代表”重要思想为指导，以爱国主义、集体主义和为人民服务思想为核心，教育学生树立正确的世界观和人生观，坚持勇于实践、实事求是的精神，自觉成为“四有”新人。

3. 行为规范教育

(1)用科学的手段制定班级规章制度，在学生中贯彻《学生守则》《学生日常行为规范》，并依据制度抓好学生考勤。

（2）督促学生遵纪守法，遵守《学生守则》《学生日常行为规范》和学校的规章制度，增强法制观念，培养学生良好的文明礼貌习惯，教育学生爱校如家，以校为家。

4. 指导开展有针对性的班级活动

（1）关心学生健康状况，鼓励和带领学生参加体育锻炼，组织好本班的各种体育活动。

（2）培养学生的审美兴趣和艺术情感，通过各种手段激发学生的学习积极性，开阔学生视野，挖掘学生潜能，促进学生全面发展。

（3）组织学生参加学校的各种文艺、体育、学习以及第二课程的活动，注重素质教育。

5. 培养学生特长，重视学生个性化教育

（1）深入了解学生，发现学生特长。

（2）与学校有关部门沟通，培养学生特长。

（3）根据学生的不同个性、不同爱好、不同年龄状况，鼓励学生发挥特长。

（五）班主任工作量化考核标准

班主任工作综合考核办法，以学期为计量单位，分为工作质量和工作数量两大类，两者成绩之和为综合考核总分，实行总分“上不封顶，下不保底”的按劳计酬原则，奖勤罚懒。

（1）班主任工作质量的基本分为 45 分，其加减分标准如下：

① 加分标准：

A. 所有班级评上校级或校级以上先进班级、优秀团支部的一次性加 5 分，全班集体获学校文字通报表扬加 0.5 分。

B. 班级全学期无学生因违纪被处分者加 3 分，全学期无违纪被处分，且无被文字通报批评者加 5 分。

C. 班级全学期获得卫生评比前四名的，分别加 4 分、3 分、2 分、1 分。

D. 班级及所属宿舍连续两次获“流动红旗”的，每间加 1 分；

卫生内务评比，每次评为较好的加 0.1 分。每次评为较差的扣 0.5 分。每周进行一次教室卫生评比，较好的加 0.2 分，较差的扣 0.4 分。

E. 班级参加学校组织的文体活动或校级组织各项比赛获团体第一名的加 2 分，其余名次的加 1 分。

F. 班级学期内全勤率达到 95% 以上的加 3 分（住院、病假和公派活动除外）。

G. 班级有评上校级“三好学生”和“优秀班团干”的，每人次加 0.2 分，评上“优秀团员”者，每人次加 1 分，班级有荣获奖学金者，特等奖每人次加 0.5 分，一等奖每人次加 0.2 分，二等奖每人次加 0.1 分，三等奖每二人次加 0.1 分；获学校文字通报表扬的每二人次加 0.1 分。

H. 有获地区级和自治区级“三好学生”“优秀学生干部”的，每人次分别加 0.5、1 分。

I. 敢抓敢管，如发现学生的违纪行为，并能及时制止和协助有关部门处理者，每次加 0.5~3 分。

J. 组织本班学生进行青年志愿者或其他公益服务活动（学校安排的劳动不计在内），班主任跟班指导者每次加 2 分。

② 减分标准。

A. 班级学生因违纪受通报批评者每人次扣 0.1 分，受警告处分者每人次扣 0.2 分，受严重警告处分者每人次扣 0.4 分，受记过处分者每人次扣 0.6 分，受留校察看处分者每人次扣 0.8 分，受勒令退学、开除学籍处分者每人次扣 1 分。

B. 班级学生迟到、早退的，累计 10 人次者扣 0.1 分，旷课的每节扣 0.5 分，旷操的每 3 人次扣 1 分，做操不完整（后两节）的累计 5 人次者扣 0.1 分。

C. 检查发现班上有不佩戴校徽的，每 3 人次扣 0.1 分，在教室内穿拖鞋或背心、内短裤的，每人次扣 0.1 分。

D. 检查发现班上有不按规定时间收看电视者，每次扣 0.2 分。

E. 非上课时间有学生在教室打牌、下棋的扣 0.1 分，尤其是自习课时间打牌、下棋的扣 0.2 分。

F. 本班学生在午休时间踢足球，打篮球、排球等，在教室或宿舍打牌和进行其他娱乐活动，影响师生员工休息者一次扣 0.2 分。

G. 本班学生晚休不按规定时间就寝，大声吵闹、喧哗、起哄、点蜡烛者，每发现一次扣 0.2 分，行为恶劣影响很坏的每次扣 0.3 分。

H. 班级有人抽烟的，每发现一次扣 0.2 分。

I. 本班有学生猜码的，每人次扣 0.1 分，有酗酒的，每人次扣 0.2 分。

J. 本班学生有晚归者的，每人次扣 0.1 分，夜不归宿者的，每人次扣 0.2 分。

（2）班主任工作数量基本分为 45 分，其加减分标准如下：

① 加分标准。

A. 每周一除参加升旗集合外，各班主任另有两次检查出操情况的任务，除此之外，每多检查一次早操加 0.2 分。

B. 晚休时间到学生宿舍督检晚休纪律且制止违纪行为者，每次加 0.1 分。

C. 每周必须按班主任量化管理要求出勤，每两周召开一次班会，以 10 次为基数，超过一次的加 0.2 分，20 次以上的不计分；关于谈心一项，要求每学期谈心不少于 20 次，每超过一次的加 0.2 分，40 次以上的不计分；关于下宿舍一项，要求每周下宿舍 2 次，每学期 40 次，每超过一次的加 0.2 分，60 次以上的不计分。晚休检查的每次加 0.1 分。

D. 学校组织学生集合或开展集体活动，班主任按时参加并维持秩序的，每次加 0.2 分。

E. 班主任能够按时按质完成学校或学生科布置的班级工作任务的，每次加 0.5~2 分。

F. 发现学生参与打斗、发生意外伤害等重大事故，能及时制止，并妥善处理的，每次加1~5分。

G. 每月以书面材料汇报本班的学习、纪律、生活、文体等情况，字数在1 000字以上的，加1分。

② 减分标准。

A. 无故不参加星期一升旗集会者每次扣3分，无故不参加班主任会议或其他学校组织学生集会或集体活动中班主任不到场维持秩序者，每次扣2分。

B. 未达到班主任量化管理规定的各种工作数量者，每次扣0.5分（经批准事病假者，不扣分也不得分）。

C. 不组织召开学校布置主题班会或未完成学校布置任务者，每次扣2分。

D. 不按时上报有关材料者，每次扣2分。

E. 班主任不填写和不上交《班主任出勤登记表》的，每周每次扣5分。

F. 其他项目被扣分的，学生科按实际情况与主管校长意见适当予以扣分。

③ 每学期考评一次，期末（或下一个学期开学）由学生科将考评情况及得分，报主管校长审核后公布，并存入个人档案。

④ 考核成绩可作为评定先进班主任的依据，并与年终考核及申报职称挂钩。

第九节　重新审视招生工作

“头痛医头，脚痛医脚”是广西边境县级职业学校招生工作的真实写照。招生难是边境职业学校遇到的普遍问题，没有学生，走规模化、内涵化发展办学就是一句空话，所以广西边境职业学校都把招生工作摆到十分重要的位置，为了完成上级下达的招生指标任务，每学年学校都投入了大量的人力、物力、财力开展招生工作，成立以学校主要领导为正副组长，各行政人员和全校教师为组员的招生工作小组，拨出专用的招生宣传工作经费，制定招生工作方案，制作招生宣传材料，分组落实工作职责，以外派各招生宣传小组、报纸、电视、互联网、户外广告等方式，大力开展招生宣传工作。但经过我们调查得知，广西边境各职业学校的招生工作效果大多不理想，投入与产出相差较远，招生情况不容乐观。在2011-2013年3年中，7所边境职业学校中仅有2所县级职业学校完成上级下达的全日制招生指标任务，而成人在职的招生人数只是一个数字，没有实际意义。

学校（或县级职能部门）投入了大量的人财物力开展招生宣传工作，为什么达不到预期的目标？为什么不能把学生吸引到学校来就读？这些问题让我们非常有必要对广西边境职业学校的招生工作进行重新审视：招生工作只是边境职业学校这一复杂系统中的一个环节，并不是学校工作的重中之重，学校的内涵发展才是关键，起决定作用的是学校的内涵建设，如设置有特色的专业、教育教学质量有保证、学生就业渠道畅通、就业质量高等。

要破解广西边境职业学校的招生难问题，应该从如下几方面着手：

一是深入调查研究县域经济社会的发展状况，寻找职业教育的人才市场，设置能服务区域经济社会发展的有特色的专业；二是加强教育教学的常规管理和改革，抓好常规管理可以保证人才的基本质量，通过教育教学改革培养特色优秀人才，提高人才在市场中的竞争力；三是大力开展与企业订单式办学、企业冠名式办学、现代学徒制办学等创新办学模式，深化校企合作，拓展学生的就业空间，提高学生的就业质量；四是加强与高职院校合作，为学生的升学发展搭建平台；五是加大就业学生的追踪调查工作，收集毕业学生经典成功案例，作为学校招生工作的重要宣传材料；六是在招生工作中做到真抓实干、实事求是，把精力真正放在招生上，少弄些花架子，杜绝一些自欺欺人的“招生数字”。

在招生宣传工作中，应该给学生和家长展示这样一幅“蓝图”：学生在入学前就了解了所学专业就业前景、就能知道以后工作的场景、就能知道毕业后工作的待遇等概况，让学生和家长认识到，只要入读职业学校，就能学到待人处世的本领，就会学到谋生的技能技术，就会谋到一份好工作。如果边境职业学校能做到这一境界，招生工作应该就不会成为难题了。

第十节　开拓就业渠道

职业教育就是就业教育，虽然表达的观点有些绝对，但是还是有一定道理的。工厂生产的产品，只有进入销售市场并且销售出去了，整个生产过程才算完成。同样道理，职业教育培养的学生只有进入了人才市场并且就业了，职业教育的整个培养过程才算告一段落。就业是检验一个职业学校办学水平与质量的重要指标之一，毕业学生的就业率高低、就业质量好坏就是一所职业学校办学的风向标。因此做好毕业学生的就业工作，对职业学校的发展壮大具有强大的推动作用。

广西边境职业学校的毕业生就业情况，因受到区域经济社会发展、办学理念、教育教学质量等影响，学生的就业空间相对狭窄、渠道比较单一、质量比较低下。

要发展壮大广西边境职业学校，必须积极开拓就业门路。

（1）转变就业观念。从广西边境职业学校的发展历程来看，学生的就业可以分为三个阶段：计划经济时期，职业学校毕业的学生一般由政府来统筹安排本级国营企事业单位就业；计划经济与市场经济交替时期，毕业的职业学校生大多自谋职业；近几年的市场化经济程度较高时期，边境职业学校毕业生就业主要是以“输出”珠三角和长三角为主。去珠三角、长三角就业对职业学校毕业生的负面影响比较大，学生的对口就业率极低，工作的技术含量小，大多是流水线操作工，在学校所学业的专业技术不能发挥应有作用，且工作强度大，工作时间长，工作环境差，待遇不高，甚至有的边境职业学校把毕业生“卖给”劳务中介，任由劳务中介宰割学生，导致职业学校毕业生对边境职业学校的办学能力不信任，向社会宣传边境职业学校的负面信息，引发边境职业学校的生存危机，所以边境职业学校必须抛弃过时的就业观念，树立为区域经济、地方经济发展服务的就业观念。

（2）立足对外贸易，面向东盟发展。广西边境职业学校地处南宁—新加坡经济走廊、泛北部湾经济区的节点上，是中国—东盟自由贸易区的桥头堡，这里有公路、铁路，是人流、物流、信息流、资金流交汇的地方，对外贸易十分繁忙，同时，很多华资企业也转移或进驻东盟各国开展各种业务，对熟悉东盟语言、对外商贸、国际物流、外资企业管理等人才的需求量相当巨大，广西边境县级职业学校应该充分发挥地缘优势，培养服务边境区域经济人才，拓宽学生的就业路子，让学生学为所用，对口就业。

（3）立足本地特色经济，服务地方经济发展。广西边境地区有丰富的特色旅游资源，如凭祥的友谊关、东兴的白浪滩、大新的德天瀑布和明仕田园、宁明花山、龙州红色旅游、那坡的黑衣壮风情游、靖西的通灵大峡谷等；凭祥有特色产业红木文化，宁明有中草药批发市场，靖西有铝工业，东兴有港口物流，龙州有“甜蜜的事业”等；另外，随着贸易、旅游业的发展，区域内的酒店、餐饮服务业也会发展壮大。广西边境职业学校应该因地制宜，挖掘本地的就业市场，在服务区域经济的同时，开辟出学生就地就业的良好局面。

四是依托市场，保证就业。对本区域的市场作充分的调研，以市场需求为招生指标，争取得到企业的大力支持，采取订单合作式的招生方法，以现代学徒制方式，校企合作培养人才，构建招生、培养、就业一体化，变招生为招学徒工，让学生入学就是入职、就业、上岗。

第十一节　加大政府的基本投入

广西边境县级职业学校在实施为期三年的“职教攻坚”前，教学设施、设备、师资等，远远落后于区域经济社会的发展，虽然经过三年职教攻坚后，边境职业学校的办学条件有了很大改善，但还是不能满足职业教育发展的需要，如那坡职业教育中心至今还达不到合格学校标准，凭祥职业学校的教室和办公室还没有建成等。如果严格地评比的话，还会有 2～3 所边境县级职业学校的建设达不到合格学校标准。

调查得知，边境县市政府对教育的投入，基本是按照从义务教育到普通高中，然后再到职业教育这样的顺序进行投资的，有的地方甚至忽略了对职业教育的投入，原因有的是县政府财政困难，有的是职教观念问题。在国家级和省市级对职业教育的投入中，获得投资的一般是办学有一定基础的职业学校，国家级和省级要做的是重点建设、示范建设，以重点、示范职业学校来带动、辐射周边落后的职业学校，是扶强不扶弱。其实上级这样的政策，对周边职业学校起不到辐射、带动作用，却是起了挤压周边职业学校的生存空间的作用，特别对贫穷落后的广西边境地区打击更大。

要发展贫困地区、民族地区、边境地区的职业教育，国家、省、市政府必须要调整投资思路，在职业教育基础建设投入上，树立职业教育均衡发展的理念，摈弃选择性投资的做法，这样才能体现出 2014 年全国职业教育会议倡导的“职业教育是面向人人，人人都有人生出彩的机会”的精神。

第十二节 重视校园文化的育人功能

校园文化建设是中职学校管理工作中重要的组成部分。搞好校园文化建设，特别是搞好本校特色的校园文化，有助于学生的全面发展。

一、文化的涵义

文化是一个非常广泛的概念，给它下一个严格和精确的定义是一件非常困难的事情。不少哲学家、社会学家、人类学家、历史学家和语言学家一直在努力，试图从各自学科的角度来界定文化的概念。然而，迄今为止，仍没有获得一个公认的、令人满意的定义。据统计，有关“文化”的各种不同的定义至少有二百多种。笼统地说，文化是一种社会现象，是人们长期创造形成的产物。同时又是一种历史现象，是社会历史的积淀物。确切地说，文化可以指代一个国家或民族的历史、地理、风土人情、传统习俗、生活方式、文学艺术、行为规范、思维方式、价值观念等。

二、文化的作用

人类由于共同生活的需要创造出文化，文化在它所涵盖的范围和不同的层面内发挥着不同的功能和作用：

一是整合功能。文化的整合功能是指它对于协调群体成员的行动所发挥的作用，就像蚂蚁过江。社会群体中不同的成员都是独特的行动者，他们基于自己的需要、根据对情景的判断和理解采取行动。文化是他们之间沟通的中介，如果他们能够共享文化，那么他们就能够有效地沟通，消除隔阂、促成合作。

二是导向功能。文化的导向功能是指文化可以为人们的行动提供方向和可供选择的方式。通过共享文化，行动者可以知道自己的何种行为在对方看来是适宜的、是可以引起积极回应的，并倾向于选择有效的行动，这就是文化对行为的导向作用。

三是维持秩序。文化是人们以往共同生活经验的积累，是人们通过比较和选择认为是合理并被普遍接受的东西。某种文化的形成和确立，就意味着某种价值观和行为规范的被认可和被遵从，这也意味着某种秩序的形成。而且只要这种文化在起作用，那么由这种文化所确立的社会秩序就会被维持下去，这就是文化维持社会秩序的功能。

四是传续功能。从世代的角度看，如果文化能向新的世代流传，即下一代也认同、共享上一代的文化，那么，文化就有了传续功能。

三、校园文化的含义

校园文化指的是学校所具有的特定精神环境和文化气氛，它包括校园建筑设计、校园景观、绿化美化这种物化形态的内容，也包括学校的传统、校风、学风、教风、人际关系、集体舆论、心理氛围以及学校的各种规章制度和学校成员在共同活动交往中形成的非明文规范的行为准则。健康的校园文化，可以陶冶学生的情操、启迪学生心智，促进学生的全面发展。

在《关于加强中等职业学校校园文化建设的意见》（教职成〔2010〕8 号）中，校园文化是这样定义的：校园文化是学校教育的重要组成部分，是学校精神、学校活动、学校秩序和学校环境的集中体现，具有重要的育人功能。加强中等职业学校校园文化建设，对于贯彻落实党的教育方针，优化育人环境，促进中职学生全面发展具有十分重要的意义。

四、校园文化在职业学校中的育人作用

校园文化在中职教育中应该发挥重要的作用，校园文化是不断发展充实的，具有强烈的时代特征，能够激发学生的激情，唤起学生高尚的人格和道德追求。校园文化是一种精神，是学校发展的灵魂，是凝聚人心、展示学校形象、提高学校文明程度的重要体现。校园文化对学生的人生观、价值观有着潜移默化的影响。健康、向上、丰富的校园文化对学生的品性形成具有渗透性、持久性，对于提高学生的人文道德素养，拓宽同学们的视野和培养人才具有积极意义。

校园文化能陶冶学生的情操，构筑健康的人格，全面提高学生素质。校园文化建设可以极大提升学校的文化品位。古人云："近朱者赤，近墨者黑。"学校的校容校貌，表现出了一个学校整体精神的价值取向，是具有引导功能的教育资源。校园文化作为一种环境教育力量，对学生的健康成长有着巨大的影响作用。

校园文化能赋予师生独立的人格、独立的精神，激励师生不断反思、不断超越。校园文化是一所学校综合实力的反映。校园文化建设包括学校物质文化建设、精神文化建设和制度文化建设，这三个方面建设的全面、协调的发展，将为学校树立起完整的文化形象。校园文化是一所学校综合实力的反映，校园文化的核心竞争力主要表现在文化的凝聚力和创造力上，所以，校园文化建设是学校发展的重要保证。

中等职业学校校园文化建设的路线是：以邓小平理论和"三个代

表”重要思想为指导，深入贯彻落实科学发展观，坚持育人为本，德育为先，弘扬社会主义先进文化，建设平安、健康、文明、和谐校园，推动学校形成务实向上的校园文明风尚，建设体现社会主义特点、时代特征和职业学校特色的校园文化，促进学生全面发展和健康成长。

五、校园文化建设措施

（一）加强师风师德建设

要深入开展师德师风教育，提高教职员工的综合素质和育人能力，建设热爱职教、关爱学生、为人师表、教书育人、钻研业务的教风。广西边境职业学校每周召开行政例会和全体教职工会议，每月召开党员会议，贯彻落实党和国家的教育教学政策，进行思想政治学习；以各处室和教研组为单位，每月召开两次业务学习会议。校园文化建设教师先行，进而带动学校各项工作的顺利开展。

（二）加强学生思想道德与文明礼仪建设

要加强学生思想道德教育，并促使文明行为习惯养成，就必须严格班级和教学秩序管理，建设知荣明耻、乐观向上、热爱专业、勤奋好学、苦练技能的学风。每周学生工作处召开班主任会议，根据学年学生工作计划和学生的现实表现，制定具体的班级教育主题会议，做到有目的地开展学生思想教育工作，提倡文明礼仪从语言文明和课堂文明做起，从小做起，从自身做起，人人参与，个个争取当文明人。

（三）加强本校文化建设

要提炼体现本校校园文化特色。广西边境职业学校地处于中越边境，都有自己的文化特色；如凭祥市东南亚外语学校的办学特色是商务越南语，所以学校的文化长廊主题一是东盟十国概况，二是凭祥市东南亚外语学校与东盟各国文化交流图片资料展示，三是学校的东盟小语种教育教学成果展，四是国家职业教育的政策宣传栏，另外还组建了“东盟10+1”的艺术团，加强与东盟各国的交流与合作。校园透出浓厚的本校特色文化。

（四）开展丰富多彩的校园文化活动

一是技能竞赛。每年的五月是专业技能竞赛月，主要开设的竞赛项目有：越南语文字录入与排版比赛、越南语单词默写比赛、越语诗词朗诵比赛、越南歌曲演唱比赛、讲越南语故事比赛，计算机技能比赛、物流技能比赛、酒店管理技能比赛、红木鉴赏技能比赛等。每年学校会组织学生参加教育厅举办的“文明风采”竞赛活动。二是文体活动。每年组织参加我市与越南谅山市合办的“两会一节”活动，两会是指“中越商品交易会”和“中越文化交流会”，一节是指“中越文化旅游节”，这两会一节活动与我校的专业紧密相连；每个学期举办班级气排球比赛、羽毛球比赛、踢毽子比赛、抛绣球比赛等；开展课间操比赛，全校师生每天的课间时间都会到操场参与活动，师生混合活动，开展踢毽子、跳绳、抛绣球等活动。三是开展其他重要活动。利用重大节庆日、民族传统节日，开展爱国主义教育、民族团结教育。结合开学典礼、毕业典礼、升旗仪式、成人仪式、入党入团仪式等，开展特色鲜明的主题教育活动。除此以外，学校还加强对学生社团和课外兴趣小组的指导和管理，开展有益于学生身心健康的多种活动。定期组织师生参观德育基地、生产性实训基地，瞻仰革命圣地，祭扫烈士墓，参观名胜古迹；组织学生参加公益活动、志愿服务等社会实践活动，提高学生的自我教育能力和社会实践能力。这些活动有力地促进了学生思想道德素质的提升，培养了学生综合职业能力。

（五）重视校园自然环境和人文环境建设

加强校园自然环境建设，完善校园文化活动设施。校园的整体环境要做到功能齐全、安全有序、节能环保、室外绿化、室内美化、环境净化。重点加强校园人文环境建设，体现社会主义特点和时代特征，积极吸纳优秀的地域文化、民族文化和行业、企业文化，结合学校特点，突出专业培养目标，集中反映学校的办学理念和学校精神。充分发挥板报、橱窗、图书馆、陈列室及模拟职业场景的宣传作用和校训、校徽、校歌、校报及校史等对学生的激励作用。精心布置各种场所，张贴富有职业特色的标语、名言以及劳动模范、创业典型、技术能手、优秀毕业生的画像，建造具有专业特色的雕塑、碑铭等，使校园的一草一木、一砖一石都有利于学生明确职业发展方向，增强就业创业信心。

（六）优秀企业文化进校园

一是校企合作。推进校企合作，引进和融合优秀企业文化，促使学生养成良好的职业道德和职业行为习惯，帮助学生顺利实现从学校到企业的跨越。学校先后与广西万通国际物流有限公司、越南清禄鞋业有限公司等国内外企业联合办学，使校园文化与企业文化相互渗透、相互促进。二是加强学校教室环境建设。加强学校教室环境建设，使之成为职业氛围浓厚、专业特色鲜明的学习场所。班级出版专业板报，学校统一将名人名言挂上教室墙等。

（七）加强与其他院校合作

从2000年起，凭祥职业学校分别与越南河内大学、河内国家大学、胡志明市国家大学、越南谅山省高等师范学校和柬埔寨皇家师范大学联合办学，还与区内广西民族大学、广西幼儿师范学校等合作办学。校际间文化交流热烈，强强联手，共创辉煌。

校园文化建设在不违背党和国家的教育教学政策前提下，会多开展具有与本地区域经济相结合的、与本校开设专业相关联的校园文化建设，这非常有利于学校学生的思想道德教育与良好行为习惯的养成。

第十三节　职业教育跨国合作

广西中越边境作为先行先试区的跨境经济合作区，建设事业正在紧锣密鼓地推进中，规划建立中国凭祥—越南同登、中国东兴—越南芒街和中国龙邦（靖西）—越南茶岭三大跨境经济合作区，把“边缘化”的边境地区打造成国际化“经济中心”。同时，中越两国还积极探索建立跨境旅游合作区，建构无障碍的边境跨国旅游景区，打造一景两国的游览圣地。广西边境地区处于南宁—新加坡经济走廊、泛北部湾经济合作区和大湄公河次区域经济合作区，有着得天独厚的区位优势。广西边境县级职业学校应该充分利用和发挥地缘优势，整合两国的职业教育资源、人才资源和就业市场，大力发展职业教育跨国合作，开拓创新职业教育的招生、人才培养、师资队伍建设、就业新渠道。合作的项目可以是学历教育、职业培训、劳务输出输入培训等。广西凭祥职业学校在这方面做出了大胆的尝试。以下是凭祥职业学校的几款合作协议，权作为抛砖引玉。

一、中国广西凭祥市中等职业技术学校与越南河内外国语大学合作协议书

中国广西凭祥市中等职业技术学校与越南河内外国语大学经过友好协商一致同意建立校际联系，开展教学、科研及其他方面的合作与交流等事宜，达成以下协议：

（1）中国广西凭祥市中等职业技术学校与越南河内外国语大学一致同意建立校际合作关系，以促进两校各方面的发展。双方本着友好对等、互惠互利的原则展开各个领域的交流合作。

（2）越南河内外国语大学同意接收广西凭祥市中等职业技术学校派来进修学习越南语的学员和学习英语、俄语、日语、德语等语种的本科生（收费标准另行商定）。

（3）两校领导和教师经常进行互访以增进相互了解和加强多方面的合作。国际旅费自理，在对方校内的食宿等费用由邀请方承担。

（4）在条件许可时，在对等的条件下，双方可配合本国旅游机构组织团队到对方国家考察、学习、参观。

（5）本协议自签字之日起生效，有效期为3年。如需提前终止协议或有效期结束后延续合作关系，由双方友好协商确定。

（6）本合作协议书以中越两种文字形成，两种文件具有同等效力。

中国广西凭祥市	越南河内外国语大学
中等职业技术学校校长	副校长

黄谊城　　Nguyễn Xuân Vang

签字日期 2000 年 9 月 26 日　　签字日期 2000 年 9 月 26 日

二、中国广西凭祥市中等职业学校与越南胡志明国家大学社会与人文科学大学合作协议书

两校经过友好协商一致同意建立校际关系，就开展教学，科研及其他方面的合作与交流等事宜，达成以下协议：

（1）越方同意接收中方派来学习越南语的学生，并负责在越南的各种入学手续（发给中方学生入学通知书，并申报越方有关部门备案）。

（2）中方负责办理学生入境的各种手续，费用由中方负责。

（3）中方学生必须遵守越南国家法律和越方各种规章制度，否则后果由中方学生自负。越方负责保证中方学生在校内人身安全。

（4）越方同意与 2003 年 9 月×日至 2004 年 1 月×日接收中方首批学生 40 人到校学习越南语，主要学习越南语基础课程。具体学习内容、方式、学时由越方根据教学计划开展。

（5）越方负责提供中方学生在校内住宿的便利。

（6）经中、越双方协商，收费标准如下：

A. 学费××× $ / 月 / 人，四个月学费共计××× $ / 人。

B. 资料费：×× $ / 人

C. 住宿费，伙食费，车费等由中方学生自理。

以上费用中方学生入学时一次性付清给越方，在学习期间内，越方不再另行收取中方学生的其他费用。

（7）学习结束后，经考核合格，由越方发给中方学生结业证书。

（8）本协议书自签字之日起生效，协议书有效期 3 年（自 2003 年 4 月至 2006 年 3 月）。希望中越双方遵守合作协议，如需更动，经双方友好协商确定。

中国广西　　越南胡志明市国家大学

凭祥市中等职业技术学校　　社会与人文科技大学

负责人 黄谊城　　负责人 Trần Dình Lâm

签字日期：2003 年 4 月 8 日　　签字日期：2003 年 4 月 8 日

三、广西凭祥市东南亚外语学校与越南谅山省高等师范专科学校合作协议书

一、合作项目

甲、乙双方共同合作，为中国、越南学生提供十二个月以内的短期实习，包括如下的内容：

1. 甲、乙双方为双方的学生提供中文和越语专业的实习章程。

2. 制订中文和越语的教学计划。

3. 为了提高双方教师的知识和专业技能，双方互相交换教师来对方学校工作。

二、双方权利和义务

1. 甲、乙双方各自遵守关于在本国的出入境规定并管理外国人来工作、学习的规定（包括：签证、保险、留居登记等）。

2. 甲、乙双方要各自安排好对方学生的食宿和学习场所等。

3. 甲、乙双方有义务教育本国学生遵守他国的法律和学校的校规。按照两国已签订的协约以及他国法律规定处理违反校规和他国法律的学生。

4. 甲、乙双方应向对方提供学生的基本情况；拒绝有犯罪记录和不良问题的（如吸毒、赌博等）学生入学。

5. 甲、乙双方根据对方的要求制订好学生的教学计划（包括教学内容、课程设置、考核内容、发证等问题），并根据教学计划实施教学和开展各项工作；保证教学质量，使各项工作达到预期的效果。

6. 甲、乙双方根据本国的国情制定学生的学习、休息时间，并得对方允许。

7. 甲、乙双方应保证每个教学班人数在15~40人。

8. 甲、乙双方要给学生购买国内、国外保险。

三、费用的收取

1. 甲、乙双方各自按双方已制定的费用协议负责收取学生的各项费用并在学生入学一个星期内支付对方。

2. 甲、乙双方各自负责学生出国的相关手续和产生的费用；出国后由对方全权负责学生的一切问题。

3. 甲方的收费标准：（只适用短期非学历班）

学杂费：¥×××/星期（含住宿费、资料费、实习费、中国境内交通费等）

免费提供床上用品。

4. 乙方的收费标准：与甲方商议后另立协议

四、本协议自2007年元月01日执行，有效期叁年；双方不得无故解除协议，在执行协议中如果有什么问题要更改，要及时通知对方，所有改变要以文本为证据，任何一方要提出解除协议要及时通知对方并把包括在地方学校的学生继续培训至全部结业为止。要求解除协议方应承担由此引起的所有损害。

五、本协议在执行中未尽事宜由双方通过友好协商解决。本协议由中越两种文字写成，两种文本具有同等效力。

甲方：中国凭祥市东南亚外语学校　乙方：越南谅山省高等师范学校

校长：黄谊城　　校长：Pham Ngọc Thưởng

日期：2007年3月17日　　日期：2007年3月17日

第十四节　整合职业培训，提高培训质量

职业培训是广西边境县级职业学校的主要业务之一，也可以说是边境职业学校的生命线之一。在全日制学生很难招到的情况下，边境职业学校是依靠职业培训这块业务来生存的。但在广西边境县地区，职业培训资源并不是掌握在职业学校手中，职业培训的资金、项目是掌管在扶贫、人事社会保障与劳动、科技、农业、民族、工会等政府职能部门中，职业学校要开展农村剩余劳动力转移培训、转岗培训和其他职业的培训，如果没有政府职业部门的授权或合作，是不可能挑起职业培训大旗的。

边境县的职业培训多头管理、政出多门、盲目培训、重复建设、

重复培训、资源浪费和培训质量不高是多年来的弊病。部门分割的职业培训局面，导致培训受众学非所用，不管是培训组织者还是参与培训学员，只是注重经济效益，而忽视了职业培训是为农民脱贫致富、工人转岗就业、学员创业就业、社会稳定、民族团结、巩固边防、区域经济发展服务的社会效益。

因此，提高职业培训质量，就必须整合职业培训资源，职业培训要管办分离。把具备职业培训资格的职业学校确定为职业培训的专门机构，把政府各职能部门的职业培训业务下放到各职业学校，避免政府职能部门既当运动员又当裁判员。政府职能部门要起到管理、监督作用，确保职业培训的质量。

职业学校要充分运用学校的设施、设备、师资等优势，做好职业培训的具体工作，根据经济社会发展的需要，深入调研人才市场需求，开设实用的专业、课程，选取适合的教学内容，采取以实践操作为主的教学模式，切切实实为学员的发家致富、创业就业打好基础，最大限度发挥职业培训的惠民作用。

4

第四章　广西边境县级职业学校的实践反思与发展出路

第一节　国际形势的影响

边境地区的社会经济对国际的政治经济局势变化十分敏感，国际政治局势稍有变化，边境地区的政治经济文化发展就会有明显的反应，如：货物进出口量、人流量激增或锐减，口岸关闭或扩大建设，文化教育交流频繁或停止，边境市场繁荣或萧条等，这些因素与边境地区的社会经济发展和对外经济贸易有着紧密的联系。纵观历史，由于国际政治经济形势复杂多变，广西边境地区的社会经济发展一直缺乏持续稳定性。职业教育是服务于社会经济的，边境地区的职业教育也会随着社会经济的变化而变化。边境地区的职业教育要发展壮大，需要安定的周边国际环境。而安定的周边国家政治经济环境，并不是我们从事职业教育的人所能决定的。比如中国内陆 1978 年拨乱反正、大刀阔斧地进行改革开放的时候，广西边境地区正处于战争状态，这种不安定的周边环境一直持续到 1990 年，历时十多年。广西边境地区的教育事业受到的挫折比内陆地区多了十几年，职业教育受到了同样的打击。所以广西边境地区的职业教育建设与发展，比内陆地区多了一个重要的影响因素，即周边国际政治经济形势的影响。所以我们在建设边境地区职业教育时必须把周边国际环境形势影响因素加以考虑。

第二节 国内职教政策的影响

中国幅员辽阔、地区差异大、社会经济发展存在严重的不均衡。社会经济的发展除了与自然地理环境和自然资源有关系外，国家政策的走向也起着举足轻重的作用。国家职业教育政策法规的实施，对一个地区的职业教育事业发展同样有着深远的影响。纵观改革开放以来，我国职业教育政策的实施，大多以点带面，由试点到全面铺开，由中心城市向边远地区逐步实施。从实施的内容上看，我国的职业教育政策扶持对象存在明显偏差，职业教育发展得越好的地区就越重视，职业教育发展得越不好的地区越不重视。广西边境地区职业学校绝大部分是处在边远贫穷落后少数民族的地区，这些地区经济、文化、教育、交通等十分落后，等到国家的职业教育政策从中心城市惠及到广西边境地区的时候，广西边境地区职业教育已经错失大好的发展机遇了，这时，广西边境地区的职业教育水平已经远远落后于中心城市职业教育水平。在中等职业教育领域，生源竞争是十分激烈的，在同等条件下，中心城市的中等职业学校在生源竞争中就已经占据了优势——地处繁华地段，工商业比较发达，就业条件良好，而年轻的中职学生喜欢到热闹繁华的都市求学。在占有天时、地利的条件下，还有国家职业教育政策大力扶持，中心城市的职业教育办学条件可以说是锦上添花，而广西边境地区的职业学校的办学条件并没有得到多大的改变，加上地方政府不重视对职业教育的建设发展，甚至边缘化，如广西壮族自治区 2014 年出台的中职学生学费补助政策——在区直中职学校或技校每年每位学生获得的学费补助是边境县级职业学校的 1.5 倍，可见中职学校学费补助政策的制定者，对在边境地区培养一位中职学生的费用比中心城市的费用还要多这一情况不够了解，比如：边境地区中职业学校的教师外出培训学习或组织学生参加技能比赛，路途就比中心市城区远、差旅费用花销就比中心市城区的职业学校要多。国家或地方政府政策的倾斜性，进一步拉大了城乡中等职业学校之间办学条件的差距。选择优质教育资源是人们的共同愿望，中职生也不例外，生源就集中到国家职业教育政策惠及的中等职业学校。在这样的大背景下，广西边境地区中等职业技术学校的生存空间越来越狭小，有的甚至走到了崩溃的边缘。我们建议，在目前国家财政充裕的情况下，国家和地方政府在制定职业教育政策的时候，应该予以广西边境地区职业教育特别的优惠政策，而且能做到公平公正。

第三节　专业规模化

地处广西边境地区的县级中等职业技术学校，主办机构是县级人民政府，所开展的职业教育主要服务于县域的经济建设。广西边境的各个县（市）面积不大、经济总量小、人口数量少、农工商业欠发达。任何一个地区的职业教育要想规模化发展，必须具备职业教育发展的最基本的要素——人与市场。教育要以人为本，职业教育要以市场为导向，而广西边境地区县级中等职业技术学校欠缺的正是这两个基本要素；在一个人口基数小，市场经济不发达的地区发展建设职业教育，并且要规模化发展，只能循序渐进，这是一个需要勇于探索，大胆改革创新的长久过程。所以，广西边境县级中等职业技术学校的发展，必须立足于当地社会政治经济文化的实际情况，要规模化发展首先必须要转变发展思路。

一是将学校规模化发展转变为专业规模化发展。

中国改革开放三十多年，也是广西边境地区职业教育建设发展二十多年。这二十多年里，许多边境县级中等职业技术学校的决策者思维脱离本地区社会实际情况，见风跟风，什么专业都想开设，追求大而全。开设的专业缺乏师资力量和设备，导致不少专业因缺乏生源而荒废，影响学校发展。俗话说：“伤其十指，不如断其一指。”随着中国经济进入转型期，边境地区人口结构等方面发生深刻变化，边境县级中等职业技术学校要转变以学校规模化发展为专业规模化发展的改革思路，要集中学校现有资源，培植符合当地经济特色的专业品牌，即因地制宜且有针对性地选择一至两个专业，并把该专业做强做大，形成专业规模化发展。在这方面，广西边境县级中等职业技术学校中的一些学校已经走在前列，如：凭祥职业学校的商务越南语专业、靖西职业学校的汽车运用与维修专业、东兴职业学校的电子电器技术与应用专业等。

二是定位“背靠大西南，立足边境，面向东盟发展”的专业规模化发展之路。中国的经济总量已经排在世界前列，中国政府诚挚欢迎周边各国搭载“中国经济发展”的便车。7 所广西边境县级中等职业技术学校都是位于中国与东盟国家重要的交通关节点上，东盟各国要搭载中国的经济发展便车，必须途经广西边境地区，势必会带动广西边境地区经济的发展，中国与东盟国家双方内部对熟悉中国与东盟国家的政治、经济、法律、人文、语言等人才的需求量也会随之大增。广西边境县级中等职业技术学校应抓住机遇，依靠内陆、面向东盟，大力发展边境地区的职业教育事业，走上规模化发展大道。如凭祥市东南亚外语学校（凭祥市中等职业技术学校）正是抓住这样的机会，在 2006 年仅商务越南语专业在校生人数就达 1 200 多人。

三是树立广西边境地区职业教育一体化发展思路。广西边境 7 所县级中等职业技术学校在自然条件、地理位置、社会人文、经贸发展等方面，有很多相似之处。在职业教育发展方向上，通过各自单打独斗、孤军奋战来发展，每个县级职业教育学校都不可能走上规模化发展道路，因为受到经济、人口、企事业总量的限制，同时还存在同质竞争，结果便是两败俱伤，全军覆没。为此，广西边境地区职业教育要得到规模化发展，必须把广西边境地区职业教育作为一个整体来统筹规划，为各个边境地区县级职业教育制定切实可行的、本土特色化的规模发展战略，这种战略定位需依据自身的优势、自身的特点，挖掘自身的特色，在专业规模化发展方向上避免重复，同时，各边境地区县级职业教育间要做到信息决策互通有无，互相兼顾、互相帮助、携手建设、共同发展。只有这样，广西边境地区县级职业教育才会获得一线生机。凭祥市东南亚外语学校（凭祥市中等职业技术学校）的商务越南语专业的规模化发展，获得了区示范性专业和特色示范性专业实训基地建设项目，就是一个经典的成功案例。

第四节　边境地区县级职业学校职业培训思考

我们从广西边境地区县级职业学校的发展历程和面临的困境中可以看到，广西边境地区县级职业学校的发展困难重重，有几所职业学校的全日制学生生源已经枯竭，全日制在校生的人数比教职工的人数还少，甚至有个别边境地区县级职业学校连续两三年都没有招到一个全日制学生，那么，这样的职业学校为什么还不解散？为什么还不把这样的职业学校教师分流或者甚至是让他们下岗？这就涉及边境地区县级职业学校另一个重要的职能——职业培训。职业培训可以说占据边境县级职业学校的业务量的半壁江山，职业培训的经济效益和社会效益远远高于全日制学历教育。它迎合了当前社会在职业教育上追求“短、需、快”的思潮，“短”就是在职业技能培训学习的时间短，“需”就是学习的职业技能当前社会急需，“快”就是学习职业技能时间短，结业后马上能找到工作打工赚钱。

职业培训得到社会认可和人们的推崇，源于职业培训是政府或企业的专项项目，有专项资金，培训的学员短时间内就可以获得职业技能和就业机会，而职业学校也得到相应的经济效益，地方政府、企业和各职业学校都比较热心职业培训工作。职业培训工作得到边境地区县级职业学校的追捧，源于如下几方面原因：一是参与职业培训工作的教职工可以获得正常工资以外的额外收入，比如撰写培训方案、担任培训班的授课等都可以得到相应的酬劳，而在全日制学历班担任教学工作的教工并没有另外的收入；二是培训班的学员管理上难度不大，因为学员大多为成年人，并有一定社会阅历，已经没有像全日制学历班的学生那样的叛逆和行为偏差，加上培训的时间短，学员在免学费的基础上还可以包食宿费，学员得到了利益，管理培训班的班主任是非常轻松的，边境职业学校的教师都争着去做培训班的班主任；三是担任培训班的教学工作比较愉快幸福，学员来培训的目标非常明确，就是要学好技能，回去创业或就业，学习很认真，学习态度端正，勤学好问，敬重老师，对于长年与全日制学历职业学校生混在一起的中职教师，是难得的教学享受，还能真正领略作为教师的幸福感、成就感。

职业培训工作与全日制学历班的工作相比较，职业培训有好的经济效益、管理和教学上难度小、老师身心方面得到良好的体验。这在一定程度上冲击了边境地区县级职业学校全日制学历教育，各职业学校和教职工都热衷于职业培训工作，不重视全日制学历教育，导致全日制学历教育日渐没落。但不能否认，广西边境地区县级职业学校在剩余劳动力转移就业、脱贫致富、下岗再就业、企业员工等方面的职业培训发挥着不可替代的作用。同时，在维护社会稳定、团结民族、巩固边防等方面也有着重要意义。所以，我们在建设或考评广西边境地区县级职业学校的时候，必须把全日制学历教育和职业培训工作都纳入考虑范围，通盘筹划。边境地区职业学校在开展职业培训教育工作时应该在职业培训与全日制学历工作中实施同工同酬制度，职业培训与全日制学历教育相互兼顾、共同发展，以促进边境地区职业教育良性发展。

至于成人在职学历教育，也应该算是职业培训的一部分。据调查，广西边境地区县级职业学校的成人在职学历教育人数，不少属于成人在职学历教育的人数，这些人数只是为了完成上级的指导性招生任务而录入。但是却开展了教育教学工作，徒增教职工的工作量。成人在职学历教育不能真正开展，主要原因是：一、没有政府政策支持，比如免学费、学生助学金等政策并没有惠及在职学历教育的成人学生；二、成人在职学历教育招生的难度也很大，源于学生既要上班又要来校学习，涉及学生的就业单位和学校的管理问题，不利于教学管理；三是按上级的指导性招生任务完成的招生人数，在边境地区县级职业学校缺乏足够的生源。这在一定程度上导致一些边境地区县级职业学校在招生方面出现弄虚作假行为。我们认为，如果边境地区县级职业学校在职学历教育能获得国家职业教育政策的支持，上级的指导性招生任务符合实际，边境地区县级职业学校再摸索出一套具有边境特色的现代学徒制的人才培养模式并大胆推行，成人在职学历教育应该会有广阔的发展前景。

第五节　关注边境职教教师发展

在谈到职业教育的时候，人们关注的大多是职业学校的生存与发展、专业设置与建设、学校的招生就业工作、教学与学生的管理等，但很容易忽视在职业学校起着主导作用的职业学校教师。广西边境地区职业学校教师生存质量到底如何呢？众所周知，教师的社会地位与经济地位普遍不高，而边境地区县级中等职业技术学校的教师相对于普通中小学校的教师还要低一个档次，主要体现以下几个方面：

一方面是社会对职业教育的偏见，进而对职业学校有偏见，看轻从事职业教育的教师，使职业教育的老师得不到社会应有的尊重；另一方面，边境地区县级职业教育教师面对的是在义务教育阶段被边缘化的学生群体，是让家长、学校、社会失望的一个学生群体，这些学生在心理上不免失落，看不到前途与希望，在工作中没有成就感，心灵深处找不到可以挂靠的地方。另外，广西边境地区县级中等职业技术学校办学条件普遍比中心城区的职业学校差，也不如周边的普通中小学校的条件好，职业学校教师的生活环境比较艰苦，安居乐业的基本诉求难以得到保证，边境地区县级职业学校教师的生存质量普遍较低。

在广西边境地区县市，由于文化教育水平落后，本地区培养的人才并不能满足当地经济社会发展的需要，所以在广西边境地区县市有很多外来的人才；在教育领域外来人才占的比重还是比较大的。据对凭祥市的调查，在教育系统中从外县市来的老师占50%以上，在职业教育系统中，所占比例更高，可以说是外来人才支持着边境地区的职业教育的半边天。外来的教师，由于远离家乡、远离父母，加上边境县市的社会人文环境的影响，生存质量和生命质量比本土教师更低。

在国家大力发展现代职业教育的今天，要构建现代职业教育体系，充分发挥与调动边境地区职业教育教师的主导积极性，必须高度关注边境地区职业教师的生存质量，倡导全社会重视职业教育，尊重从事职业教育的教师，探索职业教育教师业绩评价机制，提高边境地区职业教育教师的生命质量。

第六节　职业教育法制化之路

广西边境地区职业教育要有序、健康地发展，需要依靠法律保驾护航，做到有法可依、有法必依、执法必严、违法必究，这与当下中国倡导的依法治国理念是契合的。在职业教育领域，人们对就业准入资格证制度和校企合作法制化了以了高度关注。

从职业教育的角度来看，社会就业市场的就业无条件准入，使中等职业教育的存在显得毫无意义。初中毕业或者初中肄业的学生，没有经过中等职业技能学习培训，就能轻而易举地找到工作，使家长和学生产生了错误的思想——初中毕业就可以找工作赚钱养家糊口了，为什么还要花费两到三年时间去职业学校学习呢？这不是无端地浪费时间、金钱与精力吗？还有的家长和学生认为，初中毕业后直接找工作、边工作边学习，比专门到职业学校去学习，更容易学到技术。在饭店、酒店、各类批发店等低端的第三产业行业这种现象比比皆是。好多企业的现实情况是：在无条件就业准入的背景下，还是很难招到工人，尤其是技术工人更是稀缺。当然，有些边境地区的学生初中毕业后，会自己摆个地摊当小商小贩，或者回家种地，他们是不需要就业资格证书的，就业准入资格证制度的执行不能一刀切，可以在部分行业企业实施。

校企合作法制化方面。职业学校大多热情、积极、主动，而企业大多不领情、不乐意。企业是以实现利润最大化为目标的，而校企合作并没有给企业带来更大的利润，企业不愿意也是情有可原。在广西边境地区，有的企业在政府的引导下，勉为其难地与职业学校签订了合作办学协议，签约之时热闹闹，执行之时静悄悄，合作最后不了了之。校企合作取得的实际成效甚微，而职业学校要提高人才的培养质量，必须要有企业的参与。校企合作要取得实质的成效，必须走法制化道路，让法制化的校企合作成为依法治国理念的一部分。在校企合作法律法规中，要明确规定企业在职业教育中的社会责任，同时保证参与校企合作的企业在政策、税收等方面享有相应权利。同时，广西边境地区校企合作法制化应多借鉴国内发达地区和德国等欧美国家的经验。

第七节　职业教育与市场接轨

目前，广西边境地区中等职业技术学校的发展势态并不良好，主要原因之一是没有把职业学校内部的各种积极性因素调动起来。学校与教职工的生存高度依赖于政府，学校发展的好与差，跟职业学校和教职工没有多大关系。因为学校里学生的多与少、毕业生的质量与就业情况等方面，都与教职工的收入无关。虽然从2010年实施了绩效工资分配方案，但由于广西边境地区中等职业技术学校教职工的工资水平普遍较低，并不能算是真正的绩效工资；绩效工资方案的实施并没有真正地拉大教职工的收入差距，有的学校只是走形式地实施，有的学校则成为校领导的治校手段，总体来说是弊大于利。学校的生存与发展压力还停留在政府层面，教职工还没有感受到任何的压力，也就是说学校的办学方向仍然停留在计划经济层面。

为调动广西边境地区中等职业技术学校的积极性，有人提出了让职业学校走市场化道路的观点。走市场化道路，的确可以激发职业学校的生机与活力，让职业学校真正地融入市场，让职业学校公司化、企业化。但在当前体制下，职业学校要市场化，还是比较困难的。职业教育是由国家主导、政府统筹投入、职业学校举办、行业企业参与。按照市场化的含义，就是不用统筹投入。而在广西边境县级中等职业技术学校所处区域里行业企业数量少规模小，县域的经济市场化程度不高，一旦离开政府的投入，职业学校要生存下去的机会是微乎其微的。根据国家有关政策规定，每个县域至少开设一所中等职业技术学校，承担本县域的职业教育和职业培训工作，基于这一政策规定，广西边境县级中等职业技术学校的市场化，应该是在政府基本投入得到保证的前提下进行，可以尝试将学校部分产权股份化，使教职工或企业拥有这些股份，从而使教职工或企业参与学校发展建设的决策，这样更有利于促进边境地区职业教育的发展。有的民营教育培训机构（或学校）之所以能够良性发展壮大，原因就在于其办学模式的市场最大化。

目前，广西边境地区的职业教育完全市场化条件还不够成熟，为了促进广西边境地区职业教育的健康发展，可以考虑部分市场化运作。实行部分市场化可以从以下几个方面着手：一是人事制度的市场化，避免以人设岗，避免职业学校成为普通中小学教育管理者的养老地，杜绝“萝卜”招聘，倡导能者上、庸者下、平者让的用人理念；二是分配制度市场化，实施多劳多得，优劳优得，不劳不得的薪酬分配制度，奖勤罚懒，激励员工的工作积极性；三是专业建设市场化，在专业建设方面，要遵循市场导向，少一些政府计划性或指令性的建设，政府可以统筹、可以指导，切忌强制；另外，专业建设必须要有企事业、行业参与；四是教育教学市场化，学校的管理可以引入企业的管理模式，教学应由职业学校与企事业共同合作进行，确保人才培养与就业市场的无缝对接。

第八节　职业教育去官僚化道路

国家的职业教育政策贯彻到广西边境县级职业学校的基本程序

是：国家级职能部门→区级职能部门→地市级职能部门→县市级职能部门→职业学校，比区直职业学校多了三个管理层级。广西边境县级职业学校要获得国家相关政策的支持，受到的制约因素比区直职业学校的要多。在职业教育领域，“以官治学”仍然是主流的管理模式，也就是我们常说的“官僚化”。官僚化是阻碍职业教育健康发展的重要因素之一，对广西边境县级职业学校的发展危害大，因为管理边境职业学校的“官”比管理省级、地市级的职业学校数量更多。

由于人才比较缺乏，边境职业学校的各级管理人员水平参差不齐。据调查得知，在边境地区市级以下的职业教育管理人员，大多缺乏从事职业教育领域工作的经历，对职业教育的发展运作规律认识不足。在管理方面，凭着自己的想象或猜测，去组织指导从事多年职业教育的教师开展工作；由于对职业教育发展规律不熟悉，难以驾驭局面，从而导致了决策管理混乱，使教职工的工作积极性调动不起来。有的管理者为了维护自己的权威、树立起管理者的威信，只能以权压人、高压管理，使边境职业教育的学术自由、技术权威失去了应有的立足之地。

广西边境县级职业学校的专业设置、人事安排、教师进修培训、学校收入分配制度等，都深受职业教育官僚化的影响。当前许多学校开设的专业大多依据政府的主导产业而设置，由县级政府、市级政府统筹安排；但市场是否认可，尚有待观察。边境县级职业学校的教师选聘和学校领导的任免，学校没有人事自主权，官僚化在人事安排方面表现得最为突出，也是最为人诟病，对边境职业学校的发展影响也最为严重。对于教师的进修培训，由于受到工作岗位的限制，也就是“一个萝卜一个坑”，教师需要长期外出学习时，很难找到别人代替你的工作；主管边境职业教育的上级管理者，由于对职业教育认识的一知半解，对教师外出学习培训往往持否定态度，以显示其在职业教育领域的“权威”；加上学校的经费不足，教师要通过进修培训提高自己的业务水平，存在不少的困难。目前，在边境职业学校里，只有收入分配制度还可以调动教职工的积极性，但现实情况是，学校没有自主的支配权，能者与庸者、勤奋的人与懒惰的人待遇差别不大。

综上所述，广西边境县级职业学校需要各级政府的宏观行政管理，但要剔除其中的微观官僚化色彩，使边境职业教育回归其本来的面貌，这样才有助于其轻装上阵。

第九节　边境职业教育呼唤公平

教育公平是现代社会主流教育观念诉求之一，职业教育同样需要公平，广西边境地区的职业教育更需要公平。

当前，广西边境县级职业学校的发展之所以如此艰难，与政策的不公不无关系。广西边境县级职业学校要获得持续稳定发展，需要建立一系列的公平政策体系。

首先，在国家政策层面上，如国家在出台建设“国家级重点中等职业学校”和“国家中等职业教育改革发展示范学校”政策的时候，应该把边境地区的职业学校的建设问题作为一个建设重点加以政策倾斜考虑。

其次，在省级职业教育发展政策上，如“区重点职业学校”“区示范职业学校”建设政策，教师的绩效工资政策，以及 2014 年出台的《关于全面实施中等职业教育免学费政策的通知》等政策，对广西边境县级职业学校来说是不公平的，越边远越边缘化、越贫穷越不支持。

再次，在县级这个层面，广西边境县级职业学校基本是被遗忘的角落，虽然国家实施三年职教攻坚建设，但长期以来，地方各级政府对职业教育的财政投入、师资配备、评优评先、职称晋升等政策均呈现的是不重视的态势。

最后，要振兴广西边境县级职业教育，需要国家和地方政策的公平支持。

后　记

本书是在广西中等职业学校名师培养工程办公室的倡导下撰写的。

在撰写过程中，得到了广西师范大学徐学莹教授的全程精心指导和审阅；在实地调研和写作素材的收集中，得到了广西崇左市教育局职业教育与成人教育科科长王赛、广西凭祥市人民政府办公室副主任黄世颜、广西凭祥市东南亚外语学校校长韦宪良和科研处主任何华禄、广西靖西县职业技术学校副校长宋会群、广西龙州县职业教育中心副校长慕大强、那坡县职业技术学校农锋老师、宁明县职业技术学校何佑扶老师、大新县职业技术学校黄冬丽老师、东兴市中等职业技术学校黄学才老师等人的大力支持；在第一章的撰写中，得到了凭祥市东南亚外语学校黄必帆老师的鼎力相助；在文章润色上，得到了凭祥市东南亚外语学校许世星、韦夏莲两位语文老师的无私帮助。在此一并感谢。

编著者

2014 年 11 月